COMMENTAIRE

SUR LA

LOI DU 20 PLUVIOSE AN 12 ;

PROMULGUÉE LE 30 DU MÊME MOIS,

RELATIVE

AU CONTRAT DE MARIAGE,

ET

AUX DROITS RESPECTIFS DES ÉPOUX.

CET OUVRAGE se vend aussi,

A BAYONNE.

Chez MM. BONZOM et GOSSE, libraires.

A BORDEAUX.

Chez { MELON, et compagnie, libraires, au Chapeau-Rouge, N°. 11.

A BRUXELLES.

Chez STAPLEAUX, libraire.

A CAEN.

Chez { DELAUNAY, libraire, sous le péristyle du Palais de Justice.
Mademoiselle BARRON, libraire, rue du Commerce.

A CLERMONT-FERRAND.

Chez LANDRIOT, et ROUSSET, libraires.

A LYON.

Chez { MAIRE, libraire, rue Mercière.
PILLON, libraire, au Palais de Justice.

A ROUEN.

Chez { FRÈRE, libraire, sur le port, vis-à-vis le pont.
RENAULT, libraire, rue Ganterie.
VALLÉE, frères, libraires, rue Beffroy.

A STRASBOURG.

Chez LEVRAULT et compagnie libraires.

COMMENTAIRE

SUR LA

LOI DU 20 PLUVIOSE AN 12,

PROMULGUÉE LE 30 DU MÊME MOIS,

RELATIVE

AU CONTRAT DE MARIAGE,

ET

AUX DROITS RESPECTIFS DES ÉPOUX,

Avec les Formules des principales Conventions, dont ce Contrat est susceptible.

PAR J. E. D. BERNARDI,

Ex-Législateur, Chef de la Division Civile du Ministère du Grand Juge.

A PARIS,

Chez ARTAUD, Libraire, Quai des Augustins, N°. 42.

AN XIII.

POLITIQUE D'ARISTOTE,
TRADUITE DU GREC,
AVEC DES NOTES ET DES ÉCLAIRCISSEMENS,
Par Charles MILLON,

Professeur de législation et de langues anciennes à l'École centrale du Panthéon, à Paris, etc.

On a joint à cet Ouvrage : *une Notice sur Aristote et sur ses écrits ; une Liste chronologique des éditions de ses Œuvres ; plusieurs Extraits de Platon, et les deux Traités de Xénophon sur les Républiques de Sparte et d'Athènes.* Trois volumes *in-8°.* avec le portrait d'Aristote, gravé d'après l'antique, par un des meilleurs artistes de la capitale. Prix broché. **15 f.**

La *Politique d'Aristote*, est un des monumens les plus précieux de l'antiquité. Cet Ouvrage, tableau fidèle des lois et des révolutions des anciens peuples de la Grèce, présente les vrais principes de la législation et de l'ordre social, ainsi que la source pure de l'autorité légitime ; le gouvernement y est établi sur une base ferme et solide. La doctrine de l'auteur est développée d'une manière si convaincante, que ses conclusions, pour peu qu'elles soient méditées, suffisent pour faire renoncer à ces systèmes erronés, qui ont fait long-tems l'appui du despotisme, ainsi qu'à ces maximes dangereuses et contraires à la véritable liberté, qui ont si souvent armé la fureur populaire.

C'est donc avoir rendu un service essentiel que d'avoir donné une bonne traduction de ce Traité, reconnu pour le plus intéressant et le plus difficile à traduire de toute l'antiquité.

Aussi cet ouvrage a-t-il été favorablement accueilli du public éclairé, qui a rendu justice au courage que M. Millon a eu de se livrer à un travail si pénible.

Les *notes* et les *éclaircissemens* du traducteur, versé dans plus d'un genre de connaissances, et avantageusement connu dans la république des lettres, ajoutent un nouveau prix à cet ouvrage d'Aristote, vrai trésor d'érudition, que ne sauraient trop consulter les savans, les littérateurs, et qui en outre devrait servir de manuel aux gouvernans et à tous ceux qui ont part ou prennent intérêt aux affaires publiques.

Cours d'Études encyclopédiques rédigés, sur un plan neuf, contenant 1°. l'Histoire de l'origine et des progrès de toutes les sciences, belles-lettres, beaux arts et arts mécaniques ; 2°. l'analyse de leurs principes ; 3°. tous ces mêmes objets traités en détail. Le tout d'après les meilleurs auteurs, et les découvertes les plus récentes, seconde édition, revue, corrigée et augmentée d'une table raisonnée des matières, par ordre alphabétique : 6 gros vol. in-8°., avec un *Frontispice*, gravé et un *Atlas* de soixante-quatres planches ou tableaux, brochés. **45 fr.**

Deux éditions presqu'entièrement épuisées, de cet intéressant ouvrage, depuis quatre ans, sont une preuve bien convaincante de son utilité aux pères de famille ainsi qu'aux maîtres de pensions.

Grammaire française raisonnée, par Prevot Desfourneaux, 1 vol. in-8°. broché. **4 fr.**

Vie du Capitaine Cook, pour faire suite aux trois voyages du même, 1 gros vol. in-4°. broché. **10 fr.**

COMMENTAIRE

SUR LA

LOI DU 20 PLUVIOSE AN 12,

PROMULGUÉE LE 30 DU MÊME MOIS,

RELATIVE

AU CONTRAT DE MARIAGE,

ET

AUX DROITS RESPECTIFS DES ÉPOUX.

OBSERVATIONS GÉNÉRALES.

IL est d'autant plus nécessaire avant d'entrer dans l'examen des différens articles de cette loi, de présenter un exposé général du système de jurisprudence qu'elle a adopté ; que ce système se trouve en opposition avec les principes que l'on avait suivis jusqu'à présent dans une grande partie de la France, et qu'il y change non-seulement les choses, mais encore le sens des mots. Si dans les lois sur les successions le droit romain avait eu un triomphe éclatant ; le droit coutumier a prévalu à son tour, dans celle que nous entreprenons d'expliquer. La communauté entre époux, particulière aux pays coutumiers, et où elle était même reçue sous des modifications infinies, est devenue le droit public de la France. Par-tout où il n'y aura pas de stipulation contraire, les époux seront censés mariés sous le régime de la communauté.

Notre dessein n'est point de discuter si l'on a bien ou mal fait; si le régime de la communauté est bien ou mal assorti à l'intérêt général de l'état, aux intérêts privés des époux ; c'est un de ces sujets qui présente des inconvéniens comme des avantages, et sur lequel l'on peut disputer sans cesse, sans jamais être d'accord.

Nous ne devons cependant pas oublier de faire remarquer que nos anciens n'avaient pas une idée fort grande des avantages de la communauté, si l'on en juge par l'espèce de proverbe admis parmi eux, et que Loisel rapporte dans ses institutions coutumières, liv. 3, tit. 3, art. 3. *De bien commun, on ne fait pas monceau.*

Au demeurant, on peut penser, avec le consul Cambacérès, *que le système de la communauté est le plus approprié à la nature de l'union conjugale;* mais, ajouter en même temps avec lui, *qu'il est injuste d'en faire le droit public d'un pays, dont plus de la moitié n'en a pas l'habitude, et qui, quoiqu'il soit bien présenté dans le projet, ne sera pas entendu, même par les gens d'affaires, dans les contrées où il n'est pas en usage. Procès-verbal du conseil d'état,* p. 67. Mais la loi a prononcé ; il ne reste plus qu'à s'y conformer.

Il est néanmoins très-essentiel d'éclairer sur cette matière les gens d'affaires, et principalement les Notaires appelés à la rédaction des contrats de mariage, pour qu'ils fassent bien connaître aux parties la nature et l'importance des engagemens qu'elles vont contracter. Malgré cela, il y aura, pendant long-temps, des erreurs, et même des surprises; et c'est là le plus grand inconvénient de la loi, de dresser en quelque sorte des piéges aux personnes simples et peu éclairées, et de les exposer à être la dupe de la ruse et de l'intrigue.

On a cru prévenir tous les inconvéniens, en laissant aux futurs époux une latitude extrême pour choisir entre tous les régimes qu'on leur présente, celui qui leur plaira davantage. Mais c'est peut-être là encore, comme on l'a aussi remarqué, un des vices de la loi : elle suppose mal à propos que tout le monde est en état de bien discerner ce qui lui est utile, et d'en faire une juste différence d'avec ce qui peut lui être nuisible. Cette idée est démentie par l'expérience. La plupart des gens se tromperaient sans cesse dans les affaires même les plus simples, s'ils n'avaient des guides pour diriger leur faiblesse ou leur inexpérience. C'est là la première destination des lois ; elles doivent commander, et non laisser le choix de ce qu'on doit faire ; elles sont inutiles, quand les hommes ont la liberté de faire ce qu'ils veulent.

Le régime dotal est donné par la loi comme le pendant ou l'opposé du régime de la communauté : ce sont comme les deux extrêmes, entre lesquels la volonté humaine peut exercer son choix ou ses caprices.

Suivant les motifs, la France était divisée autrefois en deux grandes parties ; l'une vivant sous le régime de la communauté, et l'autre sous le régime dotal. On ajoute que le caractère ou l'essence du régime dotal est que les biens de la femme soient inaliénables.

Ce caractère, ou cette essence, peut convenir au nouveau régime dotal, mais non à l'ancien. L'inaliénabilité de la dot était un accident du système dotal, mais il n'en formait pas l'essence. Les dots existaient dans le droit romain, avant qu'elles fussent déclarées inaliénables ; et dans beaucoup de pays modernes, soit en France, soit dans le reste de l'Europe, où le système dotal était ou est encore suivi, la dot n'était pas toujours inaliénable.

Ce caractère ne convient donc qu'à ce qu'on appelle le régime dotal, dans la loi nouvelle ; et c'est en quoi nous croyons être fondés à dire, qu'on a changé non seulement les choses, mais le sens des mots.

Pour bien développer nos idées à ce sujet, il est nécessaire d'entrer dans quelques détails, et de faire connaître ce qu'on a toujours entendu par la dot, et les modifications qu'avaient éprouvées en différens temps les lois qui la concernaient. Il est d'autant plus nécessaire d'avoir des notions claires à cet égard, que les anciens principes relatifs à la dot étaient communs aux pays de droit écrit et aux pays coutumiers, lorsqu'il n'y avait pas de communauté, et même lorsqu'elle existait, pour les biens de la femme, qui n'y étaient pas compris. *Dans les pays coutumiers, on connaissait aussi une dot*, est-il dit, dans le procès verbal du conseil d'état, pag. 71. La différence qu'il y avait entre ces deux pays, relativement à la dot, n'était pas bien considérable ; car les principes du droit coutumier sur cette matière avaient été tirés du droit romain.

Voyons à présent ce que c'était que la dot, suivant ce dernier droit.

La dot est le bien que la femme apporte au mari pour supporter les charges du mariage, et par conséquent pour en jouir et l'avoir en sa puissance tant que le mariage dure. *Leg.* 1, *ff. de jur., dot. et Leg.* 10, §. 3, *eod.*

Les règles de la dot, dit Domat, *liv.* 1, *tit.* 9, ont leur fondement sur les principes naturels du lien du mariage, où le mari et la femme forment un seul tout, dont le mari est le chef ; car c'est un effet de cette union, que la femme se mettant elle-même sous la puissance du mari, elle y mette aussi ses biens, et qu'ils passent à l'usage de la société qu'ils forment en-

semble. *Bonum erat mulierem, quæ se ipsum ma-
rito committit, res etiam ejusdem pari arbitrio
gubernari. Leg. 8, Cod. de pact. convent.*

De ce principe, le même auteur conclut qu'il serait
naturel que tous les biens de la femme lui fussent dotaux, et qu'elle n'en eût point qui n'entrassent dans
cette société, et dont le mari, qui en porte les charges,
n'eût la jouissance.

Mais l'usage en avait décidé autrement. Le mari
n'avait pour dot que les biens qui lui étaient donnés à
ce titre, et si la femme ne donnait pas en dot tous
ses biens présens et à venir, mais seulement une certaine partie, la dot était bornée aux biens qui étaient
donnés sous ce nom ; les autres qui n'y étaient pas
compris, étaient *paraphernaux* ou hors de la *dot*.
Domat reconnaît que les principes de la loi romaine, à
cet égard, étaient de droit commun dans toute la France.

En effet, dans les pays coutumiers même, lorsqu'il
n'y avait pas de communauté, ou qu'il y avait des
biens qui n'en faisaient pas partie, et que la femme
n'avait pas stipulé la séparation de ces biens, ils étaient
réputés dotaux ; le mari en avait la jouissance et l'administration, comme en pays de droit écrit.

Il n'existait d'autre différence à cet égard, sinon qu'en
pays de droit écrit, la femme n'était en la puissance de
son mari qu'autant qu'elle avait consenti de s'y soumettre
par son contrat de mariage. Il en était de même de ses
biens ; ils ne devenaient dotaux, que lorsque la femme
les avait constitués en dot à son mari, par un contrat public ou sous seing privé. Si elle rendait dotaux tous ses
biens présens et à venir, la constitution était générale ;
si elle n'en constituait qu'une partie, ou seulement ses
biens présens, la constitution était particulière.

Tous les biens que la femme n'avait pas rendus d

taux, s'appelaient *paraphernaux* : elle les administrait ou en disposait à son gré ; le mari n'y exerçait d'autres droits que ceux dont la femme jugeait à propos de lui laisser l'exercice.

En pays coutumiers, au contraire, on croyait que la femme passant sous l'autorité du mari, ses biens devaient suivre la même destinée, et être réunis en quelque manière à ceux que le mari possédait avant le mariage. Le mari devenait le maître, le seigneur, le propriétaire de la dot ; et tous les biens acquis à une femme dans le temps de son mariage, étaient réputés dotaux, soit qu'il y eût communauté ou non, à moins que la femme ne les eût exceptés nommément, et qu'il n'y eût clause de séparation de biens dans le contrat de mariage. *D'Aguess., plaid. 3, Règles du droit franç. De la Livonière, liv. 1, sect. 2, art. 15, et liv. 4, ch. 1, art. 31.*

La clause de séparation de biens en donnait à la femme la libre administration ; mais elle ne lui conférait pas le droit d'en disposer entre-vifs, sans l'autorisation de son mari, comme elle l'avait dans les pays de droit écrit, à l'égard de ses biens *paraphernaux*.

L'on voit par là que l'on suivait plus rigoureusement dans les pays coutumiers, que dans ceux du droit écrit, les anciens principes du droit romain, qui mettaient la femme et ses biens sous la tutelle et la surveillance de son mari.

L'article 215 et les suivans du Code Civil avaient établi l'uniformité sur ce point, en exigeant l'autorisation du mari dans les actes pour lesquels la femme en était dispensée auparavant en pays de droit écrit. Ils en avaient fait un droit commun.

Il résulte de ce que nous venons de dire, que la *dotalité* des biens de la femme, si l'on peut se servir de cette expression, ne consiste point en ce qu'on les rende inaliénables, mais seulement en ce qu'on en transporte la jouissance au mari, pour la conserver pendant toute la durée du mariage; la propriété restant toujours à la femme. *Domat, liv. 1, tit. 9, sect. 1, art. 3.*

Or, le régime dotal pris dans ce sens, et il n'en a pas eu d'autre jusqu'à présent, était commun non seulement à toute la France, mais à l'Europe entière.

Il est vrai que les Romains, qui avaient de hautes pensées en fait de législation, s'étaient apperçus avec le temps de la nécessité de rendre la dot inaliénable.

Mais sur cela, comme en bien d'autres choses, les vrais principes ne se développèrent et ne s'affermirent que lentement.

Il paraît que dans les commencemens, le mari était tellement propriétaire de la dot de la femme, qu'il pouvait l'aliéner sans son consentement. Auguste, par sa fameuse loi *Julia de Adulteriis*, ôta au mari ce funeste pouvoir relativement aux fonds situés en Italie, qu'on regardait comme plus précieux que ceux situés dans le reste de l'empire; ils ne purent plus être aliénés sans le consentement de la femme.

Justinien consacra les vrais principes en déclarant inaliénables les fonds dotaux, quelque part qu'ils fussent situés. Ils ne purent plus être vendus ni hypothéqués, même avec le consentement de la femme, de peur, dit la loi, que par une suite de sa faiblesse, elle ne fût réduite à l'indigence. *Ne fragilitate naturae suae, in repentinam deducatur inopiam. Leg. unic. §. 15. Cod. de rei uxor. action. Instit. de his qui alien. poss. vel non, §. 1.*

Dès lors on regarda comme une des maximes les plus solennelles et les plus respectables du droit romain, qu'il était de l'intérêt public que la dot des femmes fût inaliénable. *Leg.* 1 *et* 2. *ff. de jur. dot. Leg.* 1 , *ff. solut. matrim.*

Un mari, en effet, pouvait abuser de mille manières de la faiblesse de sa femme et de l'ascendant que tant de causes lui donnent nécessairement sur elle, la réduire à l'indigence en lui arrachant, pour aliéner sa dot, un funeste consentement. Si elle devenait veuve ensuite, ou qu'abandonnée par un infidèle qui n'aurait plus d'intérêt à la garder, elle fût renvoyée par une répudiation ou par un divorce si facile chez les Romains, elle se trouvait sans biens et dans l'impossibilité de se procurer un nouveau mari, à un âge où elle pouvait donner encore des enfans à la patrie.

Non seulement les femmes ne pouvaient vendre leurs biens dotaux, mais encore le sénatus-consulte Velléien, dont on ignore la date précise, quoiqu'il paraisse avoir été fait vers l'an 763 de Rome, avait défendu aux femmes de s'obliger pour autrui. *Tit. ff. et Cod. ad s. c. Velleian.*

Le droit coutumier, qui avait si bien adopté les maximes du droit romain concernant l'autorité du mari sur la femme, n'accueillit point celle qui rendait les dots inaliénables. Il s'en tint à la jurisprudence antérieure à Justinien, qui permettait l'aliénation du fonds dotal avec l'assentiment de la femme. Dans les pays de droit écrit, au contraire, on adopta en plein la loi de Justinien, qui prohibait cette aliénation.

L'expérience fit voir toute la sagesse et la prévoyance d'une telle loi. La stabilité des dots fut non seulement une ressource pour elles, mais encore pour leurs enfans, au milieu des accidens qui pouvaient renverser la fortune de leur père. *Henrys. tom.* 2, *liv.* 4, *quest.* 27.

L'inaliénabilité de la dot ne formait point une différence entre les pays régis par la loi romaine et ceux régis par la loi coutumière. Il y en avait un grand nombre de ceux-ci, où la dot était inaliénable, tandis que, dans plusieurs pays de droit écrit, tels que ceux du ressort du parlement de Paris, la femme pouvait aliéner, ou, ce qui revient au même, obliger ses biens avec le consentement de son mari.

Un édit de 1606 avait validé et autorisé les obligations passées par les femmes, même quand elles n'auraient pas renoncé au sénatus consulte Velléien, qui les déclarait nulles. Mais cet édit, qui fut reçu dans les pays coutumiers, ne le fut point dans ceux où l'on suivait le droit romain, à l'exception des provinces qui faisaient partie du ressort du parlement de Paris. Nonobstant l'édit de 1606, on suivait toujours dans ces provinces la loi *Julia*, qui déclarait la dot inaliénable. Il fallut un nouvel édit de 1664 pour y supprimer cette loi, et l'on voit que le grand motif de cette suppression fut de favoriser le commerce et de donner plus de crédit aux négocians, en leur permettant d'engager les biens de leurs femmes. *Henrys. t, liv. 4, ch. 3, quest. 8.* Ce qui indique que les idées mercantiles commençaient à prévaloir, et qu'on leur sacrifiait dès-lors le bonheur et la prospérité des familles.

Dans les pays même de l'Europe où l'on suit le droit romain, avec les modifications qui y ont été faites sur plusieurs points par le droit canonique, la dot n'est point inaliénable, lorsque la femme a renoncé avec serment à la loi *Julia*, au sénatus-consulte Velléien, et à toutes les autres dispositions que le droit romain avait imaginées pour subvenir à la faiblesse des femmes. Le respect inconsidéré pour le serment avait introduit cette exception. Ce n'était cependant qu'à regret qu'on abandonnait la sage prévoyance de la loi romaine ; et je ne sais quel jurisconsulte avait imaginé sur cela une transaction par laquelle, en cas de renonciation avec serment par la femme, une moitié seulement de sa dot serait inaliénable.

C'était la jurisprudence de l'ancien comtat d'Avignon, et peut-être aussi du ci-devant Piémont et des départemens réunis de la gauche du Rhin.

Il résulte donc de ces longs détails, que le régime dotal n'était point particulier autrefois à une certaine partie de la France ; qu'il était au contraire commun à toute la France ; que l'essence de ce régime ne consistait point dans l'inaliénabilité de la dot, puisque le régime dotal existait bien des siècles avant que cette inaliénabilité fût introduite, et qu'elle n'était pas même reçue par-tout, où le régime dotal était en pleine activité.

Après ces notions-préliminaires, il sera plus aisé de comprendre quel est le système actuel du droit français, relativement aux conventions matrimoniales et aux droits respectifs des époux.

La communauté des biens entre époux, qui était bornée autrefois à certains pays où elle éprouvait une infinité de modifications, est devenue le droit commun de la France ; de manière que lorsque les époux n'auront pas fait de contrat de mariage, ou n'auront point exclu la communauté par une clause expresse, ils seront censés mariés sous le régime de la communauté.

La communauté est ou légale, ou conventionnelle.

La loi seule règle les conditions de la première, les biens qui doivent y entrer, la manière dont elle doit être administrée, et celle dont s'en fait le partage, lorsqu'elle vient à se dissoudre.

La conventionnelle est réglée par les conventions des parties : elles peuvent l'étendre, la restreindre à leur gré, y comprendre tous leurs biens, ou seulement une partie, la borner aux seuls acquêts, c'est-à-dire, aux biens qui pourront être acquis pendant la durée du mariage.

A côté du régime de la communauté, on a placé le régime dotal, pour en être comme le pendant.

L'effet du régime dotal est de rendre inaliénable les immeubles dotaux de la femme. (Art. 1554.)

La simple stipulation que la femme se constitue, ou qu'il lui est constitué des biens en dot, ne suffit pas pour soumettre ces biens au régime dotal, s'il n'y a dans le contrat de mariage une stipulation expresse à cet égard.

La soumission au régime dotal ne résulte pas non plus de la simple déclaration faite par les époux, qu'ils se marient sans communauté, ou qu'ils seront séparés de biens. (Art. 1591.)

Pour que les époux soient soumis au régime dotal, c'est-à-dire, pour que les biens dotaux de la femme soient inaliénables, car c'est là le seul effet du régime dotal proprement dit, il faut que les époux déclarent expressément dans leur contrat de mariage, qu'ils se soumettent à ce régime.

Mais entre le régime de la communauté et celui de la dot, pris dans le sens de la nouvelle loi, il y a un régime intermédiaire, auquel la loi ne donne point de nom, et qui sera cependant le plus ordinaire, puisqu'outre qu'il peut exister tout seul, il se trouvera souvent en concours avec les deux autres.

Ainsi, lorsqu'il y aura exclusion de communauté, ou que la communauté ne comprendra pas tous les biens de la femme, le mari aura la jouissance et l'administration de tous les biens personnels de la femme, et qui seront hors de la communauté. (Art. 1425.)

Il en sera de même quand il y aura constitution de dot, sans déclaration de soumission au régime dotal, ou que le régime dotal ne frappera que sur une partie des biens de la femme. (Art. 1549.)

En tous ces cas, les biens de la femme ne seront point

inaliénables ; ils pourront être vendus avec son consentement et l'autorisation du mari. (Art. 1428.)

Ce régime sera en tout semblable au régime dotal reçu autrefois en pays coutumier, ou dans les pays de droit écrit où la dot n'était point inaliénable, et qui, d'après Domat, cité ci-dessus, formait le droit commun de la France.

Enfin quand il y aura clause de séparation de biens, la femme conservera, comme autrefois en pays coutumier, l'entière administration de ses biens meubles et immeubles, et la jouissance de ses revenus. (Art. 1536.)

Mais dans aucun cas, ni à la faveur d'aucune stipulation, elle ne pourra aliéner ses immeubles, sans le consentement spécial de son mari, ou à son refus, sans être autorisée par justice. (Art. 1538.) Elle le pouvait autrefois dans les pays de droit écrit, sans d'autre consentement que le sien.

Il y a donc trois régimes différens.

Le régime de la communauté ;

Le régime dotal introduit par la loi, dont l'effet est de rendre les biens dotaux de la femme inaliénables ; et enfin le régime dotal, qui n'empêche point cette aliénation.

Il y a encore l'état de séparation de biens, que les époux peuvent stipuler, ou qui peut être ordonnée par justice. La femme a, dans cet état, la libre administration de ses biens ; mais elle ne peut les aliéner sans le consentement du mari, ou, à défaut, de la justice.

Ces divers régimes sont susceptibles de plusieurs modifications, que nous ferons connaître successivement.

Mais ces éclaircissemens étaient nécessaires pour l'intelligence des observations que nous allons faire, sur les divers articles de la loi.

TITRE X.

DU CONTRAT DE MARIAGE, ET DES DROITS RESPECTIFS DES ÉPOUX.

CHAPITRE PREMIER.

Dispositions générales.

ARTICLE 1387

DU CODE CIVIL. (1)

La loi ne régit l'association conjugale, quant aux biens, qu'à défaut de conventions spéciales que les époux peuvent faire comme ils le jugent à propos, pourvu qu'elles ne soient pas contraires aux bonnes mœurs, et, en outre, sous les modifications qui suivent.

Une des principales maximes de la loi nouvelle sur les contrats de mariage, est de laisser aux parties la liberté de faire toutes les stipulations qu'elles jugeront convenables à leurs intérêts. Elle ne prohibe que celles qui seraient contraires aux bonnes mœurs ou à l'ordre public, comme on le verra par les articles suivans.

C'est un axiome connu du droit, qu'on ne peut déroger que par des conventions particulières aux règles concernant les bonnes mœurs ou l'ordre général. *Leg.* 27. §. 4, *ff. de pactis. Leg. 6, Cod. eod.* Les contrats

---

(1) On suit ici le numérotage de l'édition du Code Civil, faite à l'Imprimerie Nationale.

de mariage sont tellement susceptibles de toute sorte
de stipulations, qu'on y en admet qui par tout autre
acte ne seraient pas valables.

Ainsi on voit, par l'art. 1082 et suiv. du Code Civil,
que les donations des biens présens et à venir, ou à
la charge de payer toutes les dettes du donateur, etc.
que les institutions contractuelles sont permises en contrat de mariage, et non autrement.

A défaut de convention spéciale des époux, l'association conjugale se régit de la manière prescrite
ci-après, *art.* 1593.

ARTICLE 1388.

Les époux ne peuvent déroger ni aux
droits résultant de la puissance maritale
sur la personne de la femme et des enfans,
ou qui appartiennent au mari comme chef,
ni aux droits conférés au survivant des
époux par les titres *De la Puissance Paternelle et de la Tutelle*, ni aux dispositions prohibitives du Code Civil.

On spécifie ici les règles de bonnes mœurs ou d'ordre
public, auxquelles il n'est pas permis de déroger par
un contrat de mariage, quelque étendue que soit la
liberté des conventions qu'on peut y faire.

Ainsi toutes conventions qui tendraient à soustraire la femme à la puissance que la loi a accordée au
mari sur elle ou sur ses enfans, ou même aux droits
conférés sur la personne ou les biens des enfans au
survivant des époux, par la loi sur la puissance paternelle, seraient nulles. (Procès-verb. du conseil d'état,
pag. 39 et suiv.

C'est pour la même raison qu'on n'admet point les autorisations générales dans les contrats de mariage, c'est-à-dire, les clauses pour lesquelles il serait dit que le mari autorise sa femme, non seulement pour administrer, mais encore pour aliéner ses héritages, à quelque titre que ce soit, sans qu'elle eût besoin pour cela de recourir à une autorisation particulière.

Il est évident que l'effet d'une telle clause serait de soustraire indirectement la femme à la puissance du mari, et de lui donner le pouvoir de faire, sans son autorisation ou celle des Tribunaux, les actes que la loi a jugé à propos d'y soumettre.

La dernière partie de l'article, où il est défendu de déroger aux *dispositions prohibitives du Code Civil*, fait une règle générale de ce que la première partie avait compris dans des règles particulières.

Quand on parle des dispositions prohibitives, on entend celles qui concernent l'ordre général, et non celles qui ne toucheraient qu'à des intérêts privés. Cela signifie seulement que les conventions des parties ne pourraient valider des actes qui sont déclarés nuls et illicites par la loi.

Non seulement les conventions qui contrediraient ouvertement une loi prohibitive sont déclarées nulles, mais encore celles qui tendraient à les éluder.

Telle serait, par exemple, la convention par laquelle il serait dit que la femme aurait sa part de la communauté franche de dette, ou qu'elle en serait tenue pour une moindre partie que celle qu'elle a dans l'actif.

Cette convention tendrait à éluder la loi qui dit (article 1482) que les dettes de la communauté sont pour moitié à la charge de chacun des époux ou de leurs héritiers.

Ce serait encore un moyen indirect d'éluder la loi,

qui défend aux époux de s'avantager mutuellement pendant le mariage, puisque le mari en faisant des acquisitions qui lui deviendraient communes avec sa femme, en paierait le prix en totalité, ou pour une plus forte portion que celle qu'il devrait.

D'après le même principe, qui annulle les conventions contraires à une loi prohibitive, on rejette celle par laquelle la femme se serait privée du droit de renoncer à la communauté, ou de n'être tenue des dettes que jusqu'à concurrence de l'émolument qu'elle en a retiré.

ARTICLE 1389.

Ils ne peuvent faire aucune convention ou renonciation dont l'objet serait de changer l'ordre légal des successions, soit par rapport à eux-mêmes dans la succession de leurs enfans ou descendans, soit par rapport à leurs enfans entre eux ; sans préjudice des donations entre-vifs ou testamentaires, qui pourront avoir lieu selon les formes et dans les cas déterminés par le présent Code.

Ces dispositions ne sont qu'une conséquence de ce qui est dit dans les deux premiers articles. L'ordre légal des successions tenant au droit public, il n'est pas au pouvoir des parties de le changer.

Cela n'empêche pas que les époux ne puissent se faire les libéralités permises par la loi sur les donations et dans les formes qu'elle y prescrit.

ARTICLE 1390.

Les époux ne peuvent plus stipuler d'une

manière générale que leur association sera réglée par l'une des coutumes, lois ou statuts locaux qui régissaient ci-devant les diverses parties du territoire français, et qui sont abrogées par le présent Code.

Le projet que l'on avait d'abroger toutes les anciennes coutumes pour y substituer une loi uniforme, exigeait que l'on ne permît pas la clause par laquelle des époux stipuleraient que leur association serait réglée par telle ou telle coutume, ou statut local. Il faut que toutes les conventions de cette espèce soient faites d'après le nouveau Code, qui doit être, en ce point, la seule loi du territoire français. Voyez *le procès-verbal du conseil d'état.*

La loi ne dit pas cependant si cette convention serait nulle, et si les époux auraient le droit de réclamer les avantages qui leur seraient assurés par la coutume à laquelle ils s'étaient rapportés.

Cela ne pourrait former un doute que dans le cas où, en se référant à une coutume ou à un statut, on n'aurait point spécifié en détail les dispositions de cette coutume ou de ce statut, en conformité desquelles on avait contracté ; car si ces dispositions étaient rappelées, on devrait les exécuter comme conventions des parties : le surplus serait réputé comme non écrit.

ARTICLE 1391.

Ils peuvent cependant déclarer, d'une manière générale, qu'ils entendent se marier ou sous le régime de la communauté, ou sous le régime dotal.

Au premier cas, et sous le régime de la

communauté, les droits des époux et de leurs héritiers seront réglés par les dispositions du chapitre 2 du présent titre.

Au deuxième cas, et sous le régime dotal, leurs droits seront réglés par les dispositions du chapitre 3.

Les époux ont la liberté de déclarer s'ils veulent se marier ou sous le régime de la communauté, ou sous le régime dotal. On a cru beaucoup faire, en leur laissant une liberté aussi illimitée. Je ne sais cependant si cela sera toujours bien avantageux pour eux. La prévoyance des anciennes lois était, ce semble, bien plus sage, en réglant presque toujours elle-même les conditions des contrats de mariage. Combien de gens manquent de la sagacité nécessaire pour bien discerner le régime qui leur convient! D'ailleurs, les positions varient. Combien celle de deux époux peut être différente, après quelques années de mariage, de ce qu'elle était à l'époque de leur union! Que de douces illusions se présentaient à eux, que le temps a fait disparaître! Comment pouvoir exiger d'eux qu'ils fassent en se mariant, des conventions qui puissent s'assortir à toutes les situations où ils pourront se trouver? Combien se trouvent-ils de gens capables d'une telle combinaison?

La loi ne parle ici que de deux régimes; celui de la communauté et du régime dotal : mais nous avons déjà vu que dans le cas d'exclusion de la communauté et de non soumission au régime qu'on appelle spécialement dotal, il y a un autre régime également dotal, qui existait autrefois, et qui formait comme un point de réunion pour les diverses législations, qui régissaient alors la France.

Cela s'appercevra encore mieux par la suite.

ARTICLE 1392.

La simple stipulation que la femme se constitue, ou qu'il lui est constitué des biens en dot, ne suffit pas pour soumettre ces biens au régime dotal, s'il n'y a dans le contrat de mariage une déclaration expresse à cet égard.

La soumission au régime dotal ne résulte pas non plus de la simple déclaration faite par les époux, qu'ils se marient sans communauté, ou qu'ils seront séparés de biens.

C'est cet article qui établit la différence entre l'ancien régime dotal et le nouveau. Nous avons déjà rappelé dans nos observations préliminaires , que le régime dotal existait autrefois, même en pays coutumier, lorsqu'il y avait exclusion de la communauté , ou même lorsque la communauté existant, la femme avait des biens qui n'y étaient pas compris.

Cette constitution dotale se faisait par la seule force de la loi, qui mettant la femme sous la puissance du mari, devait également y mettre ses biens par une conséquence nécessaire.

Dans les pays de droit écrit, la constitution dotale n'avait lieu qu'en vertu d'une stipulation expresse ; lorsqu'il n'y avait pas de contrat de mariage, la femme conservait non seulement l'administration , mais encore la libre disposition de ses biens.

La loi du 26 ventose an 11 avait restreint cette liberté illimitée, en ne permettant plus à la femme non commune ou séparée de biens, d'ester en jugement, de faire des actes sans l'autorisation de son mari, et à défaut de la justice.

Il existait encore une différence que cette loi n'avait pas fait cesser, c'est que dans les pays coutumiers, ou même ceux de droit écrit, où l'édit de 1606 avait été reçu, les femmes pouvaient aliéner, ou engager leurs biens, même dotaux, avec le consentement de leur mari, tandis qu'elles n'avaient pas ce pouvoir dans les pays où cet édit n'avait pas été reçu.

Aujourd'hui, conformément à l'ancien régime dotal du pays coutumier, la femme peut aliéner ses biens, ou les engager avec le consentement de son mari ; mais pour que ses biens soient inaliénables, il faut que dans le contrat de mariage, il soit dit que l'intention des époux est de vivre sous le régime dotal. Aucune autre clause ne peut remplacer celle-là.

Autrefois, pour qu'il eût constitution dotale en pays de droit écrit, il suffisait que le contrat portât que la femme s'était constitué tels et tels biens, ou telle partie de ses biens.

L'effet d'une pareille constitution serait aujourd'hui de donner au mari l'administration et la jouissance des biens de la femme. Mais ces biens ne seraient point inaliénables. Pour les rendre tels, il faut qu'il y ait une déclaration de vouloir vivre sous le régime dotal ; et c'est là le caractère essentiel de ce régime.

Ainsi, la communauté, comme on verra tout à l'heure, s'établit par le seul silence des parties ; le régime dotal au contraire n'a lieu que quand elles ont parlé.

A défaut de l'un ou de l'autre, il y a le régime dotal établi par le seul effet de la loi.

ARTICLE 1393.

A défaut de stipulations spéciales qui

dérogent au régime de la communauté ou le modifient, les règles établies dans la première partie du chapitre 2, formeront le droit commun de la France.

Lorsque les parties n'ont pas réglé elles-mêmes par leurs conventions le régime sous lequel elles veulent vivre, la loi leur donne alors celui de la communauté, dont les règles sont détaillées dans le chapitre de la loi qui est indiqué ici.

Ainsi, la communauté forme en ce point le droit commun de la France, c'est-à-dire, qu'il est le droit de ceux qui n'en ont pas adopté d'autre.

Quelquefois le régime dotal se trouve associé à celui de la communauté, lorsque tous les biens de la femme ne sont pas compris dans cette dernière, parce qu'ils en sont exclus par la loi, ou par une convention. Ces biens, s'il n'y a pas clause de séparation, se régissent d'après les lois de la dot, comme nous le verrons,

ARTICLE 1394.

Toutes conventions matrimoniales seront rédigées, avant le mariage, par acte devant notaire.

Cet article renferme deux dispositions; la première veut que les conventions matrimoniales soient rédigées avant le mariage; la seconde qu'elles soient faites par acte devant Notaire.

La première maxime était autrefois assez généralement reçue en France. On exigeait, pour la validité des conventions matrimoniales, qu'elles fussent faites avant la célébration du mariage. On n'était plus à temps de les faire, après que le mariage avait été célébré.

Ainsi, comme il y a des donations, ou autres libéralités qui ne peuvent se faire qu'en contrat de mariage,
si ce contrat n'était pas fait avant la célébration, les donations et libéralités qu'il contiendrait, quoiqu'en faveur
du mariage, seraient nulles. Les époux ne pourraient plus
se faire d'autres avantages que ceux qui sont permis
pendant le mariage, ou par la loi sur les testamens.

L'acte de mariage doit encore être passé devant Notaire. Dans la plupart des anciennes coutumes, et même
des anciens pays de droit écrit, on rejetait les contrats de
mariage qui étaient faits sous signature privée. On voulait empêcher par là que les conjoints n'eussent le moyen
d'éluder la loi qui leur défendait de se faire aucun avantage pendant le mariage, en faisant des contrats antidatés.

Il y avait cependant des pays, où les actes de mariage
sous signature privée étaient admis, malgré les inconvéniens qui pouvaient résulter de cette pratique.

La règle aujourd'hui est uniforme. Un contrat de
mariage sous seing privé, serait comme s'il n'existait
pas. Il ne produirait du moins aucun des effets que la loi
attribue aux contrats de cette espèce. Les stipulations
qu'il contiendrait seraient nulles; l'option du régime pour
lequel le choix des époux se serait déterminé n'aurait
aucun effet. Seulement, si un pareil acte contenait une
reconnaissance d'une dot comptée et reçue, il vaudrait au
moins comme quittance à l'égard de ceux qui l'auraient
souscrit.

ARTICLE 1395.

Elles ne peuvent recevoir aucun changement après la célébration du mariage.

Cet article est une conséquence du précédent. Car
l'intention de la loi étant que les conventions matrimo-

niales soient rédigées avant la célébration du mariage, il suit nécessairement qu'on ne saurait les changer après, ni détruire ce qui aurait été fait.

Ainsi, dès qu'un mariage a été célébré, il n'est plus permis aux parties d'y déroger, même par un consentement mutuel. De là, si les parties n'avaient point fait de contrat de mariage, et s'étaient par conséquent mariées sous le régime de la communauté, qui forme aujourd'hui le droit commun de la France, quand on n'y a pas dérogé par des conventions particulières, elles ne pourraient plus après le mariage faire un contrat pour exclure la communauté, et se soumettre à un régime différent.

Il en serait de même pour celles qui auraient choisi le régime dotal. Elles ne pourraient changer leurs conventions à cet égard, après la célébration du mariage.

Les conventions matrimoniales sont tellement irréformables, que les parties même ne peuvent se réserver, par leur contrat de mariage, la faculté de changer ou de réformer ces conventions en totalité ou en partie. Lebrun, *de la communauté, Liv. 1., chap. 3, n° 1.* Pothier, *de la communauté, préface, n° 19.*

ARTICLE 1396.

Les changemens qui y seraient faits avant cette célébration doivent être constatés par acte passé dans la même forme que le contrat de mariage.

Nul changement ou contre-lettre n'est, au surplus, valable sans la présence et le consentement simultané de toutes les personnes qui ont été parties dans le contrat de mariage.

La défense que fait la loi de rien changer dans les conventions matrimoniales après la célébration du mariage, ne s'étend point aux changemens qui pourraient être faits dans l'intervalle qui s'écoule depuis la passation de l'acte jusqu'au moment de la célébration. L'on peut, pendant cet intervalle, faire aux conventions matrimoniales les changemens que l'on trouve bons ; mais il faut qu'ils soient constatés par un acte passé dans la même forme que le contrat de mariage. On ne pourrait les faire par un acte sous seing privé.

Pour la validité de ces changemens, il faut encore qu'ils se fassent du consentement de toutes les personnes, qui ont été parties dans le contrat de mariage.

La coutume de Paris, art. 258, et celle d'Orléans, art. 223, avaient à cet égard des principes qui paraissaient plus rigoureux ; car elles portaient que les changemens que l'on ferait aux contrats de mariage, dans le cas posé ci-dessus, ne pourraient avoir lieu qu'en présence des parens qui auraient assisté aux contrats de mariage.

En général, on n'interprétait cette disposition que des parens dont la présence était nécessaire aux contrats de mariage, comme les pères et mères, aïeux et aïeules, tuteurs, etc., et non de ceux qui y auraient été appelés seulement par bienséance, par une suite de l'affection et des liens du sang. Laurière, *notes sur la coutume de Paris, art.* 258.

L'article actuel ôte toute équivoque là-dessus, en exigeant qu'on appelle seulement les parens, qui auraient été parties essentielles au contrat de mariage.

Ainsi, les enfans qui auraient fait un contrat de mariage avec l'autorisation de leurs père et mère, aïeux ou aïeules, tuteurs, etc., ne pourraient, sans leur intervention, y faire des changemens.

Il en serait de même pour les enfans, qui, excédant l'âge où le consentement des pères et mères, aïeux ou aïeules, n'est plus nécessaire pour se marier, auraient néanmoins reçu des libéralités de leur part dans leur contrat de mariage. Mais s'ils n'avaient reçu aucune libéralité de leurs père et mère, aïeux, ou aïeules, comme ils auraient pu faire leur contrat de mariage, sans leur intervention, ils peuvent s'en passer pour y faire les changemens qu'ils trouvent bons. Les pères et mères, aïeux et aïeules n'étaient point, en ce cas, parties dans le contrat, puisqu'ils n'y stipulaient pas; ils n'y avaient été appelés que par bienséance.

ARTICLE 1397.

Tous changemens et contre-lettres, même revêtus des formes prescrites par l'article précédent, seront sans effet à l'égard des tiers, s'ils n'ont été rédigés à la suite de la minute du contrat de mariage; et le notaire ne pourra, à peine des dommages et intérêts des parties, et sous plus grandes peines s'il y a lieu, délivrer ni grosses, ni expéditions du contrat de mariage, sans transcrire à la suite le changement ou la contre-lettre.

On appelle en général *contre-lettres* les actes privés ou clandestins par lesquels on déroge en secret aux conventions renfermées dans un acte public. Nous avons vu que les actes de ce genre sont prohibés à l'égard du contrat de mariage; et que quand on y fait quelque changement avant les épousailles, il faut que l'acte qui porte cette dérogation soit aussi public que celui auquel il déroge.

La loi exige de plus ici que cet acte dérogatoire, pour qu'il puisse produire quelque effet à l'égard des tiers, soit rédigé à la suite de la minute même du contrat de mariage.

Le Notaire ne peut, à peine des dommages et intérêts des parties, et même sous plus grande peine s'il y a lieu, délivrer une grosse ou une expédition du contrat de mariage, sans transcrire à la suite le changement ou la contre-lettre.

On veut prévenir par là le préjudice qui pourrait résulter pour des tiers, des changemens opérés dans un contrat de mariage et qu'on leur aurait laissé ignorer.

La loi déroge ici à celle du 22 frimaire an 7, sur le timbre, qui défend de mettre deux actes à la suite l'un de l'autre.

ARTICLE 1398.

Le mineur habile à contracter mariage est habile à consentir toutes les conventions dont ce contrat est susceptible ; et les conventions et donations qu'il y a faites sont valables, pourvu qu'il ait été assisté dans le contrat des personnes dont le consentement est nécessaire pour la validité du mariage.

Le mineur qui est jugé habile à contracter mariage, doit l'être par une conséquence nécessaire, à faire les conventions dont ce contrat est susceptible. Mais de même que pour se marier, il est obligé de rapporter le consentement de ses père et mère, aïeuls ou aïeules, ou, à leur défaut, de conseil de famille, de même aussi les conventions ou donations qu'il peut faire en se ma-

‑riant, ne sont valables qu'avec le concours des mêmes personnes. Voyez l'article 1094 du Code Civil.

CHAPITRE II.

Du Régime en communauté,

ARTICLE 1399.

La communauté, soit légale, soit conventionnelle, commence du jour du mariage contracté devant l'officier de l'état civil : on ne peut stipuler qu'elle commencera à une autre époque.

La communauté est une société qui se forme entre les époux d'une certaine partie de leurs biens, et qui subsiste pendant toute la durée du mariage.

La communauté remonte à des temps très-reculés; elle paraît être un reste des usages des anciens Gaulois, et s'être conservée dans la partie des Gaules, où le droit romain ne fut jamais suivi comme loi territoriale.

Laurière, dans ses notes sur la coutume de Paris, art. 219, veut cependant la faire naître du droit romain. Mais on a sur cela à lui demander pourquoi elle a été toujours inconnue dans les pays où ce droit a été constamment suivi et pratiqué, tandis qu'on la retrouve dans les Gaules avant la conquête des Romains; César en fait mention dans ses commentaires. On peut voir à ce sujet les recherches sur le droit français de Grosley.

On voit par les lois et par une formule de Marculphe, rapportées par Laurière à l'endroit cité, que la part de la femme dans la communauté n'était pas toujours la même; mais qu'elle lui appartenait en propriété du vivant du mari.

Philippe Auguste fit, en 1219, une loi par laquelle il ordonna que les femmes n'auraient part en la communauté, qu'au cas où elles survivraient à leur mari. Mais leur portion, long-temps avant ce prince, avait été fixée à la moitié. C'était depuis lors la règle générale, quand on n'y avait pas dérogé par des stipulations particulières.

La communauté était le droit commun de la France coutumière. On ne connaissait que deux coutumes qui ne l'admissent point, celle d'Auvergne et celle de Reims; celle de Normandie la prohibait.

On a toujours distingué la communauté en légale et en conventionnelle.

La première avait lieu de plein droit, quoiqu'elle ne soit pas stipulée par le contrat de mariage. Le silence des parties suffisait pour l'établir.

La seconde au contraire n'existait qu'autant qu'elle était établie par une stipulation expresse.

Il n'est pas nécessaire aujourd'hui de stipulation pour établir la communauté. Elle est de droit à défaut de contrat; et lorsque les parties ne l'ont pas exclue ou n'ont pas déclaré positivement qu'elles voulaient se marier sous un régime différent. (Art. 1393, 1400.)

Toutes les conventions que l'on peut faire relativement à la communauté ne peuvent concerner que l'étendue qu'on veut y donner, ou les restrictions qu'on veut y faire.

Parmi les coutumes qui admettaient autrefois la communauté, les unes voulaient qu'elle eût son effet tout entier du jour de la célébration du mariage; de manière qu'elle était acquise quand même le mariage n'aurait pas été consommé par quelque accident survenu depuis la célébration à l'un ou à l'autre des conjoints. *Coutume de Paris, art.* 220, *et les Commentat.*

D'autres voulaient au contraire que la communauté ne commençât qu'après l'an et jour, à compter des épousailles. Mais, après l'an et jour, elle avait un effet rétroactif. Cela faisait cependant une différence très-considérable ; car, dans les premières, si la femme mourait avant l'expiration de l'année, le mari gagnait la moitié de tout ce qu'elle avait apporté dans la communauté, quand même il n'y aurait rien mis du sien ; et, dans les dernières, il était obligé de rendre tout ce qu'il avait reçu de sa femme.

La loi a adopté la maxime de la coutume de Paris, et en a fait une règle générale. Ainsi, la communauté, soit légale, soit conventionnelle, commence du jour de la célébration du mariage, devant l'officier de l'état civil.

Malgré la latitude qu'on donne aux conventions en contrat de mariage, on ne permet pas de stipuler que la communauté commencera à une autre époque que celle fixée par la loi. On pourrait autrement déroger indirectement à la règle qui défend de changer les conventions matrimoniales, après la célébration du mariage.

PREMIÈRE PARTIE.

De la Communauté légale.

ARTICLE 1400.

La communauté qui s'établit par la simple déclaration qu'on se marie sous le régime de la communauté, ou à défaut de contrat, est soumise aux règles expliquées dans les six sections qui suivent.

La communauté étant aujourd'hui le droit commun de la France et se formant par l'autorité de la loi, à défaut de stipulation contraire, elle est toujours légale, comme nous l'avons déjà observé. Elle ne peut être conventionnelle qu'à l'égard des modifications que les conjoints apportent aux règles générales, par des stipulations particulières.

Dumoulin ne veut pas que la loi soit la cause immédiate de la communauté même *légale* ; la cause véritable qui produit, selon lui, et établit cette communauté, est une convention qui n'est pas à la vérité expresse et formelle, mais qui est virtuelle et implicite, et par laquelle les parties, en se mariant, sont censées être tacitement convenues de vivre en communauté.

Mais peu importe quelle soit la cause de la communauté, pourvu que les règles en soient claires et précises.

SECTION PREMIÈRE.

De ce qui compose la Communauté activement et passivement.

§. I.

De l'Actif de la Communauté.

ARTICLE 1401.

La communauté se compose activement,

1º De tout le mobilier que les époux possédaient au jour de la célébration du mariage, ensemble de tout le mobilier qui leur échoit pendant le mariage à titre de succession ou même de donation, si le donateur n'a exprimé le contraire ;

2º De tous les fruits, revenus, intérêts et arrérages, de quelque nature qu'ils soient, échus ou perçus pendant le mariage, et provenant des biens qui appartenaient aux époux lors de sa célébration, ou de ceux qui leur sont échus pendant le mariage, à quelque titre que ce soit ;

3º De tous les immeubles qui sont acquis pendant le mariage.

Après avoir dit dans les articles précédens, comme s'établit la communauté, la loi entre ici dans le détail des biens dont elle se compose.

Tous les biens appartenant aux époux n'entrent point dans la société, que le mariage forme entre eux. Il n'y a que les meubles, leur appartenant à l'époque du mariage, et les immeubles acquis pendant la durée de la communauté qui en fassent partie.

C'était l'ancienne règle du droit coutumier, et principalement de la coutume de Paris. (Art. 220.) La loi la confirme et entre dans quelques détails pour éclaircir des doutes que la pratique et sur-tout les changemens opérés par la révolution avaient fait naître relativement à certaines espèces de biens.

Ainsi, on voit d'abord que tout le mobilier, sans aucune distinction, que les époux possèdent à l'époque de la célébration du mariage, et celui qui leur échoit pendant le mariage à titre de succession ou même de donation , entrent dans la communauté.

Les meubles donnés n'y entreraient cependant pas si le donateur en avait fait une des conditions de sa libéralité.

Pour connaître ce qu'on doit entendre par *meubles,*

il n'y a qu'à recourir à l'art. 521 et suivans du Code Civil; et à Pothier, *de la Communauté, tom.* 1, *part.* 1, *chap.* 2, *sect.* 1, §. 1.

La loi met ensuite au rang des choses mobilières, qui entrent en communauté, les fonds, revenus, intérêts et arrérages, de quelque nature qu'ils soient, échus ou perçus pendant le mariage, et provenant des biens qui appartenaient aux époux lors de sa célébration, ou de ceux qui leur sont échus pendant le mariage, à quelque titre que ce soit.

Il faut observer ici que les biens possédés par les époux à l'époque du mariage, ou qui leur adviennent postérieurement, à quelque titre que ce soit, lorsqu'ils sont exclus de la communauté, ou par la loi ou par la convention des parties, s'appellent *propres* de communauté ; c'est-à-dire, qu'ils n'en font point partie et qu'ils demeurent *propres* à celui des époux qui en est le possesseur, ainsi que nous le verrons encore ailleurs.

Mais si ces propres n'entrent point en communauté, les fonds, revenus, intérêts, etc. qu'ils produisent pendant la durée du mariage, font partie de la communauté.

Les fruits et productions de la terre, tant qu'ils y sont encore pendans, font partie de la terre avec laquelle ils sont censés ne faire qu'une seule et même chose. Mais ils n'en sont pas plutôt séparés, qu'ils commencent à être une chose particulière, absolument distincte de celle qui les a produits. Ils forment alors une chose mobilière, qui entre, de sa nature, en communauté. *Leg.* 44, *ff. de rei vindic. Leg.* 17, §. 1, *ff. de action. empt. Coutum. de Paris. art.* 92.

Les rentes perpétuelles ou viagères étant aujourd'hui au rang des meubles, (art. 527 du Code Civil), font nécessairement partie de la communauté. Voyez *le procès-verbal du conseil d'état, pag.* 44 *et suiv.*

Mais en est-il de même des rentes foncières ? Il paraît, par le procès-verbal du conseil d'état, qu'on n'a voulu confondre dans la communauté que les capitaux des rentes constituées à prix d'argent, et les capitaux des obligations : il n'y est pas question des rentes foncières. On doit donc continuer à les mettre au rang des immeubles, ainsi que les servitudes ou services fonciers. (Art. 526. Code Civil.)

D'après cela, on comprend dans la communauté toutes les obligations qui ont pour objets des sommes exigibles ou des effets mobiliers, telles que celles dont il est parlé dans l'article 529 du Code Civil; mais on doit en exclure l'usufruit des choses immobilières, les servitudes ou services fonciers, les actions tendant à revendiquer un immeuble. (Art. 526 du même Code.)

En général, pour distinguer ce qui dans un droit de créance doit être réputé meuble ou immeuble, on considère la chose en laquelle il doit se réaliser, c'est-à-dire celle que le créancier a droit d'exiger du débiteur, en exécution de l'obligation qu'il a contractée. *Leg.* 15, *ff. de neq. jur.*

Cette maxime s'exprime par cet axiome : *Actio ad mobile est mobilis, actio ad immobile est immobilis.* Pothier, *de la communauté, part.* 1, *chap.* 2, *sect.* 1, §. 1, n° 69. La créance d'une somme d'argent ou autre chose mobilière, quoiqu'elle soit accompagnée d'un droit d'hypothèque sur l'héritage du débiteur, ne laisse pas d'être un droit mobilier, qui, comme tel, doit entrer dans la communauté.

L'hypothèque n'est qu'un accessoire de la créance, qui en rend le recouvrement plus sûr, mais qui n'en change pas la nature. *Pothier, ibid,* n° 76.

Après avoir expliqué ce qu'on doit entendre par le mobilier qui entre dans la communauté, il est essentiel de bien remarquer qu'il n'y a que le mobilier qui échoit aux conjoints pendant le mariage, à titre gratuit de succession ou donation, quand le testateur ou le donateur ne l'a pas prohibé, qui fasse partie de la communauté.

Mais tout ce qui leur advient à titre onéreux et en remplacement d'un propre de communauté, quoique ce soit une chose mobilière, n'entre point en communauté.

Ainsi, par exemple, si l'héritage propre de l'un des conjoints avait été vendu durant la communauté, quoique le prix qui en serait dû, fût au nombre des effets mobiliers, il n'appartiendrait point à la communauté, parce qu'il n'est que le remplacement d'un propre aliéné, dont il tient lieu.

Il en serait de même de la créance d'une somme d'argent due à l'un des conjoints pour le retour de partage d'une succession de biens immeubles, que l'un des conjoints aurait fait durant la communauté. Cette créance quoique mobilière n'appartiendrait point à la communauté. Car elle tient lieu encore d'un immeuble qui était provenu au conjoint par succession.

Mais si dans le partage d'une succession composée de meubles et d'immeubles, il était échu beaucoup plus de meubles dans le lot du conjoint, tout ce qui lui est échu de mobilier entre dans la communauté. Pothier, *ibid.* 99, 100.

Autrefois, dans les communautés conventionnelles, l'apport fait par un mineur était réductible au tiers de l'universalité des biens de ce mineur, qui était de plein droit restituée contre le consentement, quoique formel, qu'il avait donné à cet apport excessif. Louet et Brod. *Lett. M., Som.* 20.

Mais n'y ayant plus aujourd'hui de communauté qu'on puisse appeler proprement conventionelle, cette exception pour les mineurs ne saurait être admise.

La loi a pourvu aux moyens de veiller à leurs intérêts, en prohibant leurs mariages qui ne seraient pas faits avec l'assistance et le consentement de ceux sur l'affection desquels ils ont droit de compter. Quand ils se sont unis avec ce consentement, tous les engagemens qu'ils ont pris sont valables. Voyez ci-dessus, article 1398.

Nous prenons occasion de là d'observer à ceux qui ne sont pas familiarisés encore avec les matières de la communauté que, dans les mariages qui se font sous ce régime, le mari, dont la fortune consiste, en totalité ou en partie, en effets mobiliers, fait réellement en se mariant une donation de la moitié de ses biens à son épouse, qui, du jour de la célébration, a droit à la moitié des biens de son mari. Il est vrai que celui-ci a, pendant la durée du mariage, l'administration des biens de la communauté; qu'il peut les vendre, les engager à son gré, comme nous le verrons plus bas; mais il ne peut faire d'aliénation en fraude de sa femme, comme nous le verrons encore; de manière que tout ce qui reste à sa mort doit se partager par moitié entre ses héritiers et sa femme.

Le sort de celle-ci est bien plus avantageux. Son mobilier, composât-il aussi toute sa fortune, tombe également en communauté; mais, lors de la dissolution du mariage, elle ou ses héritiers peuvent renoncer à la communauté et reprendre ce qu'elle y a apporté franc et quitte de toutes charges, si elle s'en est réservé le droit, et on y manque rarement.

Le mari n'a pas un tel pouvoir; de manière que la femme gagne presque toujours et ne peut jamais perdre.

La loi, après avoir établi que tout mobilier des époux existant à l'époque du mariage, ou qui leur écherrait pendant sa durée, entrerait dans la communauté, y ajoute ensuite tous les immeubles acquis pendant le mariage. Nous verrons ce qu'elle entend par là sur l'article suivant.

ARTICLE 1402.

Tout immeuble est réputé acquêt de communauté, s'il n'est prouvé que l'un des époux en avait la propriété ou possession légale antérieurement au mariage, ou qu'il lui est échu depuis à titre de succession ou donation.

Cet article est un de ceux qui doit présenter le plus de difficulté dans les lieux où la communauté a été inconnue jusqu'à présent.

Il dit d'abord que tout immeuble est reputé *acquêt de communauté*. Le mot acquêt, si familier dans le langage du droit coutumier, était entièrement étranger à celui du droit écrit.

Il avait même des acceptions différentes en pays coutumier, suivant qu'on le considérait en matière de succession par opposition aux propres de succession; ou bien qu'on en parlait en matière de communauté, par opposition aux propres de communauté. Dans ce dernier cas les acquêts s'appelaient *conquêts*.

Bien des auteurs ont confondu ces deux expressions; mais ceux qui s'expriment exactement en font la distinction.

Le nom d'acquêts se donnait communément aux biens immeubles qui ne provenaient point d'une succession, ou qui avaient été acquis ou recueillis par une autre voie.

Les meubles, de quelque nature qu'ils fussent, même ceux qui provenaient de succession, étaient réputés acquêts.

Tout ce qui était donné ou légué en ligne collatérale était réputé acquêt dans la personne du donataire ou du légataire, soit qu'il se trouvât ou non héritier du donateur, à moins que la donation ne contînt des conditions qui en changeassent la nature.

En règle générale en pays coutumier, on ne pouvait être héritier et légataire tout ensemble. Il y avait cependant des cas où les deux qualités pouvaient concourir, et alors il était nécessaire de distinguer ce qui était acquêt de ce qui était propre, par la raison que nous allons voir.

On nommait *propres* les immeubles qui étaient venus à ceux qui les possédaient par succession directe ou collatérale, et qu'ils n'avaient point acquis par leur industrie.

Ainsi, on distinguait dans les successions les biens en meubles, en acquêts et en propres.

Chaque espèce de biens, formait sur-tout en collatérale, une succession particulière qui avait ses héritiers différens.

Tel héritait des meubles ou des acquêts qui ne pouvait succéder aux propres, et *vice versâ*.

Cette distinction venait de l'esprit général du droit coutumier, qui était de conserver les biens non seulement dans la famille, mais encore dans la ligne de parenté d'où ils étaient provenus. De là la règle *paterna paternis, materna maternis:* d'après laquelle, à défaut de descendans, les biens d'un défunt devaient retourner à la ligne paternelle ou maternelle, d'où ils étaient dérivés.

Mais cette règle n'avait lieu que pour les immeubles. Les meubles et les acquêts étaient dévolus aux parens les plus proches. Dans la plupart des coutumes on permettait au propriétaire d'en disposer par testament. La coutume de Paris avait même étendu cette faculté jusqu'au quint des propres.

On voit donc combien, dans cet ordre de choses, il était important de distinguer les propres des acquêts; et cette distinction n'était pas toujours une chose bien aisée à faire.

On tenait à la vérité, en règle générale, que dans le doute, si un bien était propre ou acquêt, comme il fallait qu'il eût été acquêt avant d'être propre, on le réputait acquêt.

La qualité primitive étant celle d'acquêt, elle devait durer jusqu'à ce qu'il fût prouvé qu'on l'avait changée.

Mais comme l'acquêt était converti nécessairement en propre par la succession ou donation en ligne directe, qu'il pouvait l'être encore par subrogation ou par accession, etc., qu'il y avait peu de coutumes qui eussent là-dessus des règles uniformes et invariables, la jurisprudence, à cet égard, formait un des dédales les plus laborieux, dont on puisse se faire l'idée.

On ne voyait rien de semblable dans les pays de droit écrit. Tous les biens, de quelque espèce qu'ils fussent, étaient d'une même nature, quant à la succession. L'héritier légitime ou testamentaire avait droit de les recueillir tous, sans distinction.

La loi du 17 nivose, quoi qu'on ait pu dire contre elle, rendit un grand service aux pays coutumiers, lorsqu'elle abolit, quant à la succession, la différence des biens en meubles, propres et acquêts, et les confondant tous ensemble, comme dans le droit romain, les adjugea aux héritiers de chaque ligne dans l'ordre qu'elle établit.

Depuis lors il n'y a plus eu ni meubles, ni propres, ni acquêts en succession. Tous les biens sont confondus ensemble.

Les dénominations de propres et d'acquêts ne subsistent plus que pour la communauté. On appelle, en général, comme nous l'avons déjà dit, *propres de communauté* les biens du mari ou de la femme qui n'entrent point dans la communauté, ou qui en sont exclus par les conventions des parties. Ils diffèrent des propres de succession d'autrefois, parce que les propres de succession étaient toujours propres de communauté; mais les propres de communauté n'étaient pas toujours propres de succession.

Aujourd'hui ces derniers n'existent plus, comme nous venons de le dire; mais les autres subsistent encore; car, excepté dans les communautés universelles que les époux feraient de tous leurs biens, ce qui ne sera pas commun, il faudra toujours avoir des termes pour désigner la partie de leurs biens qui sera comprise dans la communauté, et celle qui ne le sera pas.

On appellera donc propres de communauté les biens des conjoints que la loi n'y comprend pas, ou qu'ils en auront exclus par leur convention.

Nous avons déjà vu sur l'article précédent quels étaient les biens qui doivent être compris dans la communauté légale. Cet article finissait en disant que tous les immeubles acquis pendant le mariage entraient en communauté.

Dans celui que nous examinons, on explique, sous le nom d'acquêts de communauté, quels sont les biens immeubles qui doivent faire partie de la communauté.

On voit donc que les acquêts sont considérés ici

sous un rapport différent de celui des acquêts de succession.

On y dit que tout immeuble est réputé acquêt de communauté, s'il n'est prouvé que l'un des époux en avait la propriété ou la possession légale, antérieurement au mariage, ou qu'il lui est échu depuis à titre de succession ou donation.

Ainsi le caractère distinctif des acquêts de communauté est qu'ils aient été acquis par l'un des époux pendant la durée du mariage autrement que par la voie de succession ou donation.

Nous avons déjà dit que les acquêts, relativement à la communauté, s'appelaient conquêts. On entendait par là tous les biens meubles et immeubles acquis par les conjoints communs en biens, et dont la propriété ne dérivait pas d'une cause antérieure et d'un droit échu à l'un d'eux antérieurement au mariage. Ainsi, tout ce que le mari ou la femme acquéraient, soit conjointement, soit séparément, était conquêt, et par conséquent commun entre eux. Denisart, v° *Conquêt.*

L'on voit que les principes établis par la loi nouvelle sont conformes aux anciens. Il est cependant un point important sur lequel ils diffèrent, et qu'il est par conséquent essentiel de faire remarquer.

La coutume de Paris disait bien que les époux étaient communs *en conquêts immeubles faits durant le mariage. Art.* 220; mais elle comprenait sous ce mot, non seulement les acquisitions faites à titre onéreux de vente, d'échange, etc., mais aussi une partie de celles qui étaient faites à titre gratuit, comme donations et legs en ligne collatérale, à moins que le donateur ou testateur n'eût expressément ordonné que la chose donnée ou léguée demeurerait propre au donataire ou légataire. Les donations faites en ligne directe n'y étaient point comprises. (Art. 246.)

Cela était toujours une suite de la distinction entre les diverses espèces de biens dont nous avons parlé plus haut. Cette distinction étant abolie, il eût été difficile d'en établir une entre les biens venus par succession ou donation, qu'il aurait fallu comprendre dans la communauté, et ceux qu'il aurait fallu en exclure. La loi a tranché le nœud en excluant de la communauté les biens immeubles provenus aux époux par succession ou donation ; et en cela, elle s'est rapprochée davantage de l'esprit de cette institution, qui était de faire participer les époux aux fruits de leurs travaux communs ou séparés, et non aux biens qui ne seraient point le produit de leur industrie.

On doit donc entendre aujourd'hui par *acquêts* ou conquêts de communauté, outre les meubles, les biens immeubles que les époux ont acquis conjointement ou séparément pendant le mariage, et qui ne leur sont point échus à titre de succession ou de donation.

Nous parlerons encore de cela sur l'article 1404, qui n'est qu'une suite de celui-ci, et qui aurait dû, ce semble, être placé immédiatement après.

ARTICLE 1403.

Les coupes de bois et les produits des carrières et mines tombent dans la communauté pour tout ce qui en est considéré comme usufruit, d'après les règles expliquées au livre 2 du Code Civil.

Si les coupes de bois qui, en suivant ces règles, pouvaient être faites durant la communauté, ne l'ont point été, il en sera dû récompense à l'époux non propriétaire du fonds, ou à ses héritiers.

Si les carrières et mines ont été ouvertes pendant le mariage, les produits n'en tombent dans la communauté que sauf récompense ou indemnité à celui des époux à qui elle pourra être due.

La loi revient aux choses mobilières qui doivent faire partie de la communauté.

Il y a sur cela un principe qui trouve ici son application. Toutes les choses, quoique meubles, qui proviennent à l'un des conjoints durant le mariage, de son héritage ou autre immeuble propre de communauté, sans en être des fruits, n'entrent point dans la communauté. *Voyez* Pothier, *tom.* 1., *part.* 1, *chap.* 2., *sect.* 1, §. 5, *n*º 96.

En effet, l'on a vu par l'art. 401 ci-dessus, qu'il n'y a que les fruits revenus des propres de la femme ou du mari, qui doivent entrer en communauté. Ainsi, tout ce qui provient de ces propres, quoique ce soient des effets mobiliers, s'ils n'en forment pas le produit, n'entrent point en communauté.

Autrement, on pourrait éluder la règle qui ne permet pas à un conjoint d'avantager l'autre pendant la durée du mariage, et qui lui défend d'augmenter la communauté aux dépens, et par la diminution de ses propres.

Si on en retranchait donc quelque chose qui en fait partie, quoique cette chose ainsi retranchée fût un meuble, si elle n'était point un produit ou un revenu annuel, elle n'entrerait point en communauté.

On donne pour exemple le cas auquel un des conjoints ferait abattre durant le mariage des arbres de haute futaie sur des héritages qui seraient hors de la communauté.

Ces arbres n'étaient point de leur nature censés faire

partie des fruits et des revenus de l'héritage; et quoique devenus meubles, étant détachés du fond, ils ne font point partie de la communauté, et appartiennent en propre à celui des conjoints sur l'héritage desquels ils ont été coupés.

Il en serait autrement s'ils avaient été coupés avant le mariage; parce qu'étant détachés du fonds et meubles à cette époque, ils seraient entrés de droit dans la communauté.

Le second exemple est celui des pierres tirées d'une carrière ouverte durant le mariage sur l'héritage d'un des conjoints. Elles n'étaient point regardées autrefois comme des fruits de cet héritage, mais comme faisant partie du fonds d'où elles étaient tirées, lequel en a été diminué d'autant. *Leg.* 7., §. 13, *Leg.* 8. *ff.*, *solut. matrim. Leg.* 18., *de fund. dotal.*

Il en est autrement, lorsque la carrière se trouve ouverte avant le mariage; on regarde dès-lors les pierres qu'on en tire, comme faisant partie du revenu.

Le troisième exemple est celui du trésor trouvé dans un héritage propre à l'un des conjoints. Il n'est pas regardé comme produit de cet héritage; il est donc exclu de la communauté.

Ces observations étaient indispensables pour la parfaite intelligence de l'article que nous examinons, et dont les dispositions sont, à peu de chose près, conformes aux principes que nous venons de rappeler.

Ainsi, voulant décider si les coupes de bois, les produits des carrières et mines doivent tomber dans la communauté, il se règle d'après ce qui, dans les choses de cette espèce, doit être regardé comme usufruit ou non, et il renvoie au livre 2 du Code Civil, qui contient, à cet égard, des dispositions très-détaillées, et qui apprend à connaître en quoi consistent les diverses espèces de fruits dont un héritage est susceptible, et quelle est leur vraie nature.

Ainsi, on voit par l'article 595, qu'un usufruitier ne peut toucher aux arbres de haute futaie, d'où il suit que ces arbres ne sont point au nombre des fruits, et ne doivent par conséquent entrer en communauté.

On voit encore par l'article 598, que l'usufruitier ne jouit que des mines et carrières qui étaient en exploitation à l'ouverture de l'usufruit, et qu'il n'a aucun droit aux mines et carrières non encore ouvertes, ni aux tourbières dont l'exploitation n'est point encore commencée, ni enfin au trésor qui pourrait être découvert pendant la durée de l'usufruit.

Toutes ces règles servent à distinguer, ce qui de ces choses doit entrer, ou ne pas entrer en communauté.

Du principe qu'un des conjoints ne peut détacher de son héritage propre une chose même mobilière qui n'en est pas le produit, et, en la faisant entrer en communauté, avantager par là indirectement l'autre conjoint, il suit encore que si les conjoints substituent un effet mobilier à un immeuble propre, cet effet mobilier n'entre point en communauté.

Ainsi, quoique le prix d'un immeuble vendu pendant le mariage soit bien-meuble, ce prix n'entre point dans la communauté, parce qu'il est substitué à l'immeuble et qu'il en tient lieu.

Il en de même de la créance d'une somme d'argent due à l'un des conjoints pour le retour de partage de biens immeubles que l'un des conjoints a fait durant la communauté avec ses cohéritiers.

D'après cela, si les coupes de bois, dans un héritage propre, qui pouvaient être faites et être regardées comme produit du fonds, d'après les règles ci-dessus, ne l'ont point été, il en est dû récompense ou indem-

nité, lors de la dissolution de la communauté, à l'époux
non propriétaire du fonds, ou à ses héritiers.

Mais si les carrières et les mines n'ont été ouvertes
que durant le mariage, ce n'est plus un fruit du fonds
où elles se trouvent; et le produit qu'on en a tiré doit
être mis à compte, lors de la dissolution de la communauté, au conjoint propriétaire du fonds; c'est-à-
dire qu'on doit l'en indemniser ou lui en donner récompense; c'est le terme du droit, comme nous le
verrons encore plus bas.

ARTICLE 1404.

Les immeubles que les époux possèdent
au jour de la célébration du mariage, ou
qui leur échoient pendant son cours à titre
de succession, n'entrent point en communauté.

Néanmoins, si l'un des époux avait acquis un immeuble depuis le contrat de
mariage, l'immeuble acquis dans cet intervalle entrera dans la communauté, à moins
que l'acquisition n'ait été faite en exécution de quelque clause du mariage, auquel
cas elle serait réglée suivant la convention.

Dès que, d'après la disposition de la loi, les meubles
seuls des époux existant à l'époque du mariage entrent
de droit dans la communauté, il s'ensuit nécessairement que les immeubles qu'ils possédaient à la même
époque n'en font point partie, et leur demeurent propres.

Il en est de même de ceux qui leur échoient par
succession, soit directe, soit indirecte, soit collatérale,

pendant la durée mariage. De plus, les acquêts de chacun des conjoints ne sont conquêts de communauté qu'autant que le titre de leur acquisition n'a pas précédé la célébration du mariage ; autrement ils sont propres de communauté.

Ainsi tous les immeubles dont le titre légal d'acquisition remonte avant la célébration du mariage ne sont point conquêts de communauté. On peut voir sur cela les différens exemples rapportés par Pothier, *de la communauté, part. 1, chap. 2, art. 2, §. 2, n° 157 et suiv.*

Nous n'en rappellerons qu'un ; c'est celui d'une personne qui, avant son mariage, aurait vendu un fonds avec faculté de rachat. Quoiqu'il n'exerce ce rachat que pendant la durée du mariage, le fonds racheté n'entre point dans la communauté, parce que le titre en vertu duquel on le reprend a précédé le mariage. On doit seulement récompense à la communauté, si c'est des fonds communs dont on s'est servi, pour exercer le rachat.

Il en est de même des fonds que l'on recouvre par la voie de la rescision ou par la résolution de donation par survenance d'enfans : ils n'entrent pas en communauté, parce que le titre en vertu duquel on l'acquiert est antérieur au mariage.

La loi prévoit le cas où un des conjoints aurait aquis un immeuble depuis le contrat de mariage, mais avant la célébration. Cet immeuble doit entrer en communauté, à moins qu'il n'y eût quelque clause dans le contrat qui pût l'empêcher.

Cette dernière disposition s'écarte un peu de la règle, qui donne la célébration du mariage comme l'époque d'après laquelle l'on doit juger de ce qui entre dans la communauté et de ce qui en est exclu. D'ailleurs un immeuble acquis par un des époux pendant la durée de la communauté n'est censé conquêt de cette communauté, que parce qu'on présume qu'il a été acquis des fonds qu'on en a tirés. Or, cette présomption cesse dans le cas actuel, puisque la communauté n'existe point encore, et que, d'après ce que nous avons vu plus haut, elle ne commence qu'au moment de la célébration du mariage.

ARTICLE 1405.

Les donations d'immeubles, qui ne sont faites, pendant le mariage, qu'à l'un des époux, ne tombent point en communauté, et appartiennent au donataire seul, à moins que la donation ne contienne expressément que la chose donnée appartiendra à la communauté.

Cet article est une conséquence ou une répétition du 1402e ci-dessus, qui exclut de la communauté tout immmeuble échu à l'un des conjoints à titre de donation ou de succession. La loi laisse cependant le pouvoir au donateur de mettre pour condition à sa libéralité, que l'objet donné appartiendra à la communauté; et cette condition doit être exécutée.

On suivait autrefois la même règle en sens inverse. Les biens donnés ou légués en collatérale entraient en communauté. Mais le donateur, ou le testateur, pouvait apposer à sa libéralité la condition qu'elle serait propre au légataire ou au donataire.

Quand on dit, au reste, que les immeubles donnés ou légués n'entrent point en communauté, cela ne s'entend que du fonds, mais non des fruits qui en font toujours partie, à moins qu'il n'y ait une stipulation ou une disposition contraire.

ARTICLE 1406.

L'immeuble abandonné ou cédé par père, mère ou autre ascendant, à l'un des deux époux, soit pour le remplir de ce qu'il lui doit, soit à la charge de payer les dettes du donateur à des étrangers, n'entre point en communauté, sauf récompense ou indemnité.

Le premier cas prévu par cet article est celui d'un père, d'une mère ou autre ascendant, qui serait débiteur envers un des conjoints d'une somme quelconque, en paiement de laquelle il lui abandonnerait ou céderait un immeuble.

La question est de savoir si cet immeuble est propre ou non de communauté.

Ce qui fait la difficulté, c'est que cet immeuble remplace une somme mobilière qui faisait de droit partie de la communauté : or, comme nous l'avons vu plus haut, une obligation mobilière, qui est substituée à un propre de communauté, n'entre point dans cette communauté; d'où il semblerait qu'un immeuble, prenant la place d'un effet mobilier qui fait partie de la communauté, devrait, en le remplaçant, entrer dans la communauté.

Mais la loi excepte ici les immeubles donnés par les père, mère et autres ascendans, ou pour remplir l'un des époux de ce qu'ils lui devaient, ou à la charge de payer des dettes du donateur à des étrangers.

La communauté n'a à prétendre, en ce cas, que le montant de la somme qui était due, ou celui des dettes qui sont payées de ses fonds; la plus value de l'immeuble appartient au donataire.

C'est ce que la loi indique par ces mots : sauf *ré-compense* ou *indemnité*, expressions à peu près synonymes, et qui signifient que le donataire, en retenant l'immeuble donné, doit récompense ou indemnité à la communauté du montant de la somme qu'il représente.

C'est là une suite des anciennes maximes, qui déclaraient propres de communauté les immeubles provenant de succession en ligne directe.

Mais si une pareille cession ou donation était faite par d'autres que par des parens en ligne directe ascendante, l'immeuble cédé ou donné serait conquêt de communauté : ce qui rentre dans la règle établie plus haut, qu'un immeuble représentant un effet mobilier, entre en son lieu et place dans la communauté.

A R T I C L E 1407.

L'immeuble acquis pendant le mariage, à titre d'échange contre l'immeuble appartenant à l'un des deux époux, n'entre point en communauté, et est subrogé au lieu et place de celui qui a été aliéné, sauf la récompense s'il y a soulte.

Nous avons vu plus haut qu'une chose mobilière substituée à un immeuble propre de communauté, pendant la durée du mariage, n'entrait point dans la communauté, parce qu'elle représentait un immeuble qui en était exclu.

A plus forte raison cette règle doit-elle avoir lieu, comme le porte cet article, pour l'immeuble acquis pendant le mariage à titre d'échange contre l'immeuble appartenant à l'un des époux. L'immeuble échangé est subrogé au lieu et place de celui qui a été aliéné.

4

Cependant, si, pour accomplir cet échange, le conjoint, au profit duquel il a eu lieu, avait donné une soulte ou retour en argent, le montant de cette soulte appartiendrait à la communauté, et il faudrait en indemniser, lors du partage, l'autre conjoint. D'argentré, *sur l'article* 418 *de la coutume de Bretagne ;* Dumoulin, Duplessis.

La loi ne parle ici que de l'héritage acquis à titre d'échange contre un immeuble propre de communauté. Cependant cette règle s'applique à l'immeuble acquis pendant la communauté des deniers provenant d'un immeuble qui n'en faisait point partie, sur-tout lorsque l'achat est fait avec déclaration de remploi du prix de l'immeuble aliéné.

C'est encore là une conséquence de ce que nous avons dit plus haut, que la valeur pécuniaire d'un propre aliéné lui était subrogé, et n'entrait point en communauté.

La qualité de propre de communauté étant une qualité dont les choses meubles sont susceptibles aussi bien que les immeubles, cette qualité passe de l'héritage au prix pour lequel il a été vendu, et de ce prix à l'immeuble ou à l'autre chose quelconque qui en a été acquise. Il en sera encore question ci-dessous, *art.* 1434.

ARTICLE 1408.

L'acquisition faite pendant le mariage, à titre de licitation ou autrement, de portion d'un immeuble dont l'un des époux était propriétaire par indivis, ne forme point un conquêt, sauf à indemniser la communauté de la somme qu'elle a fournie pour cette acquisition.

Dans le cas où le mari deviendrait seul
et en son nom personnel acquéreur ou adjudicataire de portion ou de la totalité d'un
immeuble appartenant par indivis à la femme, celle-ci, lors de la dissolution de la
communauté, a le choix où d'abandonner
l'effet à la communauté, laquelle devient
alors débitrice envers la femme de la portion appartenant à celle-ci dans le prix, ou
de retirer l'immeuble, en remboursant à la
communauté le prix de l'acquisition.

Les héritages et autres immeubles d'une succession
échus à quelqu'un par le partage qu'il en a fait avec ses
cohéritiers lui sont propres entièrement, et ne peuvent
être regardés comme conquêts de communauté. Cela
résulte bien évidemment des dispositions des articles
ci-dessus.

Celui que nous examinons étend encore cette règle
à l'acquisition faite à titre de licitation, ou autrement
de portion d'un immeuble, dont l'un des époux était
propriétaire par indivis.

Ainsi, toutes les fois, par exemple, que dans une
succession, dont un des conjoints est portionnaire, il
se trouve un effet dont le partage ne peut s'effectuer,
et qu'on est obligé de liciter, il demeure propre au
conjoint qui l'acquiert par cette voie, bien qu'il excède
la portion qui lui revenait de la succession. Il est vrai
qu'il est obligé alors de récompenser ou d'indemniser
la communauté de ce qu'il a été obligé de payer au-
delà de sa portion héréditaire.

On suivait anciennement la même maxime, qui a
encore lieu, lors même que le conjoint aurait acquis

par achat ou autrement le surplus de l'héritage dont il était propriétaire par indivis.

Dans la seconde partie de cet article, on décide le cas où le mari, seul, et sans le secours de sa femme, deviendrait acquéreur ou adjudicataire de portion ou de la totalité d'un immeuble appartenant par indivis à sa femme. Celle-ci a le droit, lors de la dissolution de la communauté, ou de désavouer l'acte passé par son mari, ou de l'accepter. Dans le premier cas, elle abandonne l'effet acquis de cette manière à la communauté, qui devient alors débitrice envers la femme de la portion appartenant à celle-ci dans le prix de cet immeuble.

Dans le second, elle prend l'immeuble, en remboursant à la communauté le prix de l'acquisition.

Cette disposition fait cesser les contrariétés qu'il y avait autrefois sur ce sujet entre les coutumes.

On doutait même si, lorsque le mari n'avait pas pris cette qualité dans l'acte qu'il avait passé avec les cohéritiers de sa femme, et n'avait pas déclaré agir au nom de celle-ci, l'acte pouvait être regardé comme un partage fait pour l'intérêt de la femme. Poth. *de la communauté, tom. 1, chap. 2, art. 2, §. 1, n° 152.*

Le présent article ôte tout doute à ce sujet, puisque la faculté qu'il accorde à la femme doit avoir lieu, lors même que le mari deviendrait seul et en son nom personnel acquéreur ou adjudicataire de portion ou de la totalité d'un immeuble appartenant par indivis à la femme.

Ce cas est le même où le mari aurait requis, sans le concours de sa femme, le partage d'une succession mobilière ou immobilière à laquelle elle aurait droit, et dont il aurait la jouissance. Ce partage n'est que provisionnel, et la femme peut ou s'y tenir ou en demander un nouveau. *Code Civil, art.* 818.

§. II.

Du Passif de la Communauté, et des actions qui en résultent contre la Communauté.

ARTICLE 1409.

La communauté se compose passivement,

1° De toutes les dettes mobilières dont les époux étaient grevés au jour de la célébration de leur mariage, ou dont se trouvent chargées les successions qui leur échoient durant le mariage, sauf la récompense pour celles relatives aux immeubles propres à l'un ou à l'autre des époux;

2° Des dettes, tant en capitaux qu'arrérages ou intérêts, contractées par le mari pendant la communauté, ou par la femme du consentement du mari, sauf la récompense dans les cas où elle a lieu;

3° Des arrérages et intérêts seulement des rentes ou dettes passives qui sont personnelles aux deux époux;

4° Des réparations usufruitières des immeubles qui n'entrent point en communauté;

5° Des alimens des époux, de l'éducation et entretien des enfans, et de toute autre charge du mariage.

Après avoir établi dans les articles précédens ce qui forme l'actif de la communauté, la loi fixe les choses dont le passif se compose.

Elle établit d'abord en général, conformément à la coutume de Paris, art. 221, que la communauté est chargée de toutes les dettes mobilières, dont chacun des conjoints était débiteur à l'époque de la célébration du mariage. Cette disposition est une conséquence nécessaire de celle qui fait entrer dans la communauté l'universalité des meubles dont les conjoints étaient propriétaires à la même époque; car, qui a les avantages doit avoir nécessairement les charges; et c'est pour cela que la la loi veut encore que la communauté supporte les dettes mobilières des successions qui pourront échoir aux époux pendant la durée du mariage. Car, d'après l'art. 1401 ci-dessus, la communauté profite des meubles qui leur échoient par cette voie pendant le mariage.

La loi laisse subsister ainsi la distinction des dettes mobilières et immobilières, qui causait un grand nombre de difficultés dans la jurisprudence coutumière, et qui en causera bien davantage dans les pays où les principes de cette jurisprudence sont absolument étrangers. Les lois nouvelles l'ont abolie dans la matière des successions où elle existait autrefois.

Les dettes mobilières entrant de droit dans la communauté, le mari qui épouse une fille ou une veuve majeure, ne sachant pas si elle a contracté des dettes mobilières ou non, peut être ruiné dès le jour même de son mariage; car, une fois que la communauté en est chargée, il n'est plus possible de l'en débarrasser qu'en payant; le mari n'ayant pas comme la femme le droit de renoncer à la communauté. *Qui épouse la femme*, disent les anciens auteurs du droit coutumier, *épouse les dettes*, Loisel, *instit. coutum. liv. 3, tit. 3, art. 7*. D'autre part aussi, la femme ou les parens qui la marient, comptant plus sur l'état ou l'industrie que sur les biens présens du futur conjoint, et sur les avantages qui en résulteront pour la communauté, peuvent être déchus dans leur espoir, si cet homme avait contracté beaucoup de dettes mobilières avant le mariage. Nous parlerons ailleurs des moyens qu'on a imaginés pour prévenir tous ces inconvéniens. Il faut d'abord indiquer les caractères auxquels on peut distinguer les dettes mobilières et les immobilières.

Une dette est mobilière, lorsque la chose due est une chose mobilière ; ainsi, les dettes d'une somme d'argent, d'une certaine quantité de blé ou de vin, d'un cheval, etc. sont des dettes mobilières.

Il en est de même de l'obligation de faire ou de ne pas faire quelque chose ; car, faute par le débiteur d'accomplir son obligation, elle se résout en dommages et intérêts, qui sont une somme pécuniaire.

Quand même une obligation mobilière serait inscrite aux hypothèques, cette formalité n'en change point la nature ; elle en assure seulement le paiement.

La communauté supporte la dette comme le conjoint lui-même : elle a toutes les charges comme tous les avantages ; si elle était solidaire, elle reste de même.

Il n'y a cependant que les dettes personnelles des conjoints qui soient à la charge de la communauté ; car, si c'était une dette hypothéquée sur un propre appartenant à l'un d'eux, la communauté en serait bien tenue, mais ce serait à charge de récompense.

Cependant, si la dette mobilière provenait de l'achat d'un héritage propre à un conjoint, et dont il fut débiteur encore à l'époque du mariage, cette dette, quoique mobilière, n'entrerait point dans la communauté. Ce serait en effet bien injuste de faire supporter à la communauté le prix d'un héritage qu'un conjoint retiendrait pour lui, et qui lui serait propre de communauté. Il ne pourrait même se décharger de cette dette en faisant entrer l'immeuble dans la communauté pendant la durée du mariage.

Il en serait autrement si, avant la célébration du mariage, le conjoint avait aliéné l'héritage acquis, sans en avoir remboursé le prix : ce serait, en ce cas, une dette mobilière qui entrerait dans la communauté. Pothier, *t.* 1, *part.* 1, *ch.* 2, *sect.* 2, *art.* 1, §. 1, *n°* 239 *et suiv.*

Une dette mobilière provenant d'un corps certain, dépendant d'un propre de communauté, et qui n'en serait pas le produit, n'entrerait point aussi en communauté : tel serait le prix des arbres de haute futaie vendus par un des conjoints avant le mariage, mais qui ne seraient point encore abattus à l'époque de la célébration. Pothier, *ibid. art.* 240

A l'égard des dettes passives immobilières, elles n'entrent point, suivant la loi, dans la communauté.

Une dette immobilière est celle qui consiste à donner ou à livrer un immeuble : tel serait la dette d'un héritage légué à quelqu'un par celui de qui on serait héritier ; l'obligation de délivrer un fonds à celui à qui on l'a vendu.

L'obligation ne changerait pas de nature, quand même l'immeuble ne serait pas certain et déterminé, comme si on avait légué un arpent de terre à prendre dans un canton désigné.

La dette cesserait d'être immobilière, s'il s'agissait d'un legs fait à quelqu'un d'une certaine somme pour employer à l'achat d'une maison, ou d'une autre chose immobilière. C'est alors la somme d'argent qui est due, et qui n'est qu'une chose mobilière.

Si la chose due par l'un des conjoints à l'époque du

mariage était alternative, c'est-à-dire, qu'il pût payer
à son choix un immeuble ou une somme d'argent,
c'est l'option qu'il ferait qui déterminerait la nature de
la dette.

Il y avait autrefois difficulté, relativement aux rentes
constituées, pour savoir si elles étaient mobilières ou immobilières. Il n'y a plus de doute aujourd'hui, comme
nous l'avons vu plus haut.

D'après le premier numéro de l'article que nous examinons, non seulement les dettes mobilières des conjoints existant à l'époque du mariage entrent dans
la communauté, mais encore celles dont se trouvent
chargées les successions qui leur échoient durant le
mariage. Car la communauté, profitant des meubles
de ces successions, doit en supporter aussi les dettes
mobilières.

Mais si ces dettes mobilières sont relatives aux immeubles propres à l'un des époux, la communauté
est tenue de les acquitter ; mais c'est toujours à la charge
de récompense, c'est-à-dire que, lors de la dissolution
de la communauté, celui des conjoints débiteur de cette
dette doit indemniser la communauté de ce qu'elle
aura payé pour l'acquitter.

Toutes les dettes contractées par le mari, ou par la
femme avec son autorisation, pendant la durée de la
communauté, tant en capitaux qu'arrérages ou intérêts,
sont aussi à la charge de la communauté.

Le mari étant, pendant la durée du mariage, le
seul maître de la communauté, ainsi que nous le verrons
plus bas, ayant le pouvoir de disposer à son gré de tout
ce qui la compose, il s'ensuit que toutes les dettes
qu'il contracte pendant la durée de la communauté
doivent être à sa charge.

Il en est de même de celles contractées par la femme
avec l'autorisation du mari.

Il est des cas où il peut être dit récompense à l'un ou à l'autre; nous en parlerons ailleurs.

On excepte cependant de cette règle les dettes contractées par le mari pour une affaire qui ne concerne que son intérêt seul; telle que serait celle contractée pour délivrer d'une servitude un héritage qui lui est propre, etc., ou bien s'il était obligé de payer une certaine somme pour un enfant d'un précédent mariage, ou en faveur d'un de ses héritiers présomptifs. Il est censé ne s'être obligé que pour son intérêt personnel. Il ne peut le faire au détriment de sa femme.

On juge par l'époque où l'obligation a été contractée, si la personne en faveur de qui elle était faite était héritière présomptive, ou non.

La communauté est encore chargée des arrérages et intérêts seulement des rentes ou dettes passives qui sont personnelles aux époux.

Les capitaux restent à la charge de celui des conjoints qui en est le débiteur.

La communauté profitant des revenus des immeubles restant propres aux conjoints, en doit les réparations qui sont une suite de cet usufruit. Les obligations de la communauté sont à cet égard les mêmes que celles de l'usufruitier.

Enfin, les alimens des époux, l'éducation et l'entretien des enfans, et toutes les autres charges du mariage doivent être supportées par la communauté; on y confond en effet tous les revenus des époux.

Si les enfans avaient un revenu propre et suffisant pour leur entretien et leur éducation, la communauté n'en serait pas tenue. Pothier, *t.* 1, *p.* 275.

ARTICLE 1410.

La communauté n'est tenue des dettes

mobilières contractées avant le mariage par
la femme, qu'autant qu'elles résultent d'un
acte authentique antérieur au mariage, ou
ayant reçu avant la même époque une date
certaine, soit par l'enregistrement, soit
par le décès d'un ou de plusieurs signataires dudit acte.

Le créancier de la femme, en vertu d'un
acte n'ayant pas de date certaine avant le
mariage, ne peut en poursuivre contre elle
le paiement que sur la nue propriété de ses
immeubles personnels.

Le mari qui prétendrait avoir payé pour
sa femme une dette de cette nature, n'en
peut demander la récompense ni à sa femme,
ni à ses héritiers.

Pour rendre la communauté responsable des dettes
de la femme, contractées avant le mariage, la loi exige
que les obligations dont elles résultent soient prouvées
par un acte qui ait une date certaine avant cette époque;
et cette date s'établit ou par un acte public, ou par l'enregistrement de l'acte sous seing privé, ou par le décès
antérieur d'un ou de plusieurs signataires de cet acte. La
loi a voulu ôter par là à la femme le moyen d'augmenter
ses dettes par des actes antidatés.

Le défaut d'acte authentique, avant l'époque de la
célébration du mariage, n'a cependant pas l'effet de
libérer la femme envers ses créanciers. Il leur ôte seulement le pouvoir de poursuivre leur paiement sur les
fruits des immeubles de la femme, parce que ces fruits
faisant partie de la communauté, le mari ne peut en
être privé tant que la communauté dure.

Les créanciers ne peuvent poursuivre que la nue propriété des biens propres à la femme, et leur action sur le fond ne peut se compléter qu'après la dissolution de la communauté.

La loi refuse toute action au mari qui aurait payé une dette de cette nature, pour en obtenir récompense ou remboursement, soit contre la femme, soit contre les héritiers.

ARTICLE 1411.

Les dettes des successions purement mobilières qui sont échues aux époux pendant le mariage, sont pour le tout à la charge de la communauté.

Nous avons vu par l'art. 1409 que les dettes mobilières dont des successions, qui échoient aux époux durant le mariage, se trouvent chargées, doivent être supportées par la communauté.

Mais il peut arriver différens cas; savoir, qu'une succession soit composée uniquement de meubles ou d'immeubles, ou qu'elle soit mélangée des uns et des autres.

La loi a dû s'occuper comme elle le fait, dans cet article et les suivans, de la manière dont les dettes doivent, dans ces différens cas, entrer dans la communauté.

Le premier cas qui fait le sujet de cet article est fort simple. Lorsque les successions sont purement mobilières, comme les effets qui les composent entrent dans la communauté, les dettes dont elles sont chargées doivent y entrer aussi. Il ne peut y avoir de difficultés à cet égard. Il y a cependant une distinction à faire entre la succession mobilière acceptée par le mari, et celle qui l'est par la femme. Le mari en acceptant purement et simplement une succession obérée ou insolvable, oblige la communauté au paiement des dettes, quand elles excéderaient le montant de la succession.

Si au contraire l'acceptation a été faite par la femme, on distingue encore, ou cette acceptation a eu lieu avec l'autorisation du mari, ou à son refus avec l'autorisation des tribunaux.

Dans le premier cas, la communauté est encore obligée au paiement des dettes; dans le second, elle ne les supporte qu'à concurrence de ce qu'elle a profité de la succession. Le mari, en rendant compte de ce qui en est entré dans la communauté, ne doit rien au-delà.

Cette différence vient toujours du droit qu'a le mari d'engager à son gré les biens de la communauté; droit que la femme n'a point sans son consentement.

ARTICLE 1412.

Les dettes d'une succession purement immobilière, qui échoit à l'un des époux pendant le mariage, ne sont point à la charge de la communauté, sauf le droit qu'ont les créanciers de poursuivr eleur paiement sur les immeubles de ladite succession.

Néanmoins, si la succession est échue au mari, les créanciers de la succession peuvent poursuivre leur paiement, soit sur tous les biens propres au mari, soit même sur ceux de la communauté, sauf, dans ce second cas, la récompense due à la femme ou à ses héritiers.

Cet article concerne les dettes des successions purement immobilières. Tout l'actif de ces successions étant propre au conjoint à qui elles sont échues, il doit être tenu de toutes les dettes, de quelque espèce qu'elles soient. La communauté qui ne profite de rien, ne doit point participer à ses charges.

Elle doit seulement les arrérages et les intérêts des dettes qui peuvent courir depuis l'ouverture de la succession jusqu'à la dissolution de la communauté. Ces arrérages et ces intérêts sont des charges des revenus des biens de la succession, lesquels, comme les revenus des autres biens des conjoints, appartiennent à la communauté pendant toute la durée du mariage. *Article* 1401 *ci-dessus.*

Mais les créanciers de la succession ont le droit de poursuivre leur paiement sur les biens de cette succession.

Il y a encore une distinction à faire pour les successions échues au mari, et celles échues à la femme.

Lorsque la succession est échue au mari, les créanciers peuvent poursuivre leur paiement, non seulement sur les biens propres au mari ; mais encore sur ceux de la communauté. Car le mari étant le maître et le propriétaire des biens de la communauté, ces biens répondent de ses dettes, comme tous les autres.

Il est vrai que la femme, ou ses héritiers, lors du partage de la communauté, peuvent demander récompense au mari, à prorata du montant de ses dettes, qu'il a payées des fonds de la communauté.

L'article suivant dispose sur le cas où la succession immobilière est échue à la femme.

A R T I C L E   1413.

Si la succession purement immobilière est échue à la femme, et que celle-ci l'ait acceptée du consentement de son mari, les créanciers de la succession peuvent poursuivre leur paiement sur tous les biens personnels de la femme ; mais, si la succession n'a été acceptée par la femme que comme autorisée en justice au refus du mari, les créanciers, en cas d'insuffisance des immeubles de la succession, ne peuvent se pourvoir que sur la nue propriété des autres biens personnels de la femme.

Lorsque le mari a autorisé sa femme à accepter une succession purement immobilière, les créanciers de cette succession peuvent poursuivre leur paiement, non seulement sur les biens de la succession, mais encore sur tous les biens propres et personnels à la femme.

Mais si l'acceptation de la femme, au refus du mari, a été autorisée par la justice, alors les créanciers, en cas d'insuffisance des immeubles de la succession, ne peuvent se pourvoir que sur la nue propriété des biens personnels à la femme. Ils ne peuvent pas en saisir les revenus tant que dure la communauté; car ces revenus font partie de la communauté, dont la femme ne peut engager les biens sans le consentement de son mari. Ils ont seulement le droit de poursuivre sur les biens personnels de la femme, sans pouvoir cependant se les faire adjuger avant la dissolution de la communauté.

ARTICLE 1414.

Lorsque la succession échue à l'un des époux, est en partie mobilière et en partie immobilière, les dettes dont elle est grevée ne sont à la charge de la communauté que jusqu'à concurrence de la portion contributoire du mobilier dans les dettes , eu égard à la valeur de ce mobilier comparée à celle des immeubles.

Cette portion contributoire se règle d'après l'inventaire auquel le mari doit faire procéder soit de son chef, si la succession le concerne personnellement, soit comme dirigeant et autorisant les actions de sa femme , s'il s'agit d'une succession à elle échue.

Le cas le plus embarrassant de l'ancienne jurisprudence coutumière, dans la matière que nous traitons ici, était celui où la succession échue à l'un des époux était en partie mobilière et en partie immobilière; et cet embarras était d'autant plus grand que les coutumes n'étaient point d'accord sur la distribution qui devait se faire en pareil cas.

Celle qui paraît la plus équitable sur ce point est la coutume de Paris, qui faisait contribuer aux dettes les diverses espèces d'héritiers, à proportion de ce que chacun d'eux prenait dans l'actif de la succession; par exemple, si le mobilier de la succession faisait le tiers de la valeur du total, les héritiers des meubles devaient le tiers des dettes, et ceux des immeubles devaient les deux tiers restant. *Art.* 334.

On se souviendra que chaque nature des biens avait en collatérale des héritiers différens.

La loi nouvelle a adopté cette règle, relativement à la portion des dettes que la communauté doit supporter pour les successions échues à l'un des conjoints, et qui sont composées en partie de meubles et en partie d'immeubles.

Les dettes, en ce cas, ne sont à la charge de la communauté que jusqu'à concurrence de la portion contributoire du mobilier dans les dettes, eu égard à la valeur de ce mobilier comparée à celle des immeubles.

Ainsi, si le mobilier de la succession en fait le tiers, et les immeubles en font les deux autres tiers, la communauté dans laquelle le mobilier entrera sera tenue du tiers de toutes les dettes *indistinctement*, et le conjoint sera tenu seul des deux autres tiers. On suit, à cet égard, la même règle que pour les successions où chaque héritier supporte une portion des dettes, à raison de celle qu'il prend dans la succession.

La portion contributoire doit se régler d'après un inventaire que le mari est tenu de faire faire, soit que la succession lui soit échue à lui, soit qu'elle soit échue à la femme ; car, en sa qualité de mari, il a la direction de toutes les actions de sa femme.

Cet inventaire doit contenir la prisée tant des meubles que des immeubles, afin qu'on puisse en connaître la valeur respective.

ARTICLE 1415.

A défaut d'inventaire, et dans tous les cas où ce défaut préjudicie à la femme, elle ou ses héritiers peuvent, lors de la dissolution de la communauté, poursuivre les récompenses de droit, et même faire preuve tant par titres et papiers domestiques, que par témoins, et, au besoin, par la commune renommée, de la consistance et valeur du mobilier non inventorié.

Le mari n'est jamais recevable à faire cette preuve.

Si le mari avait négligé de faire faire l'inventaire dont il est parlé dans l'article précédent, la femme ne devrait point en souffrir. De là, si, lors du partage de la communauté, elle ou ses héritiers avaient intérêt de soutenir que la communauté a été chargée d'une trop faible portion des dettes, ou qu'elle n'a pas contribué pour la portion à laquelle elle était soumise, car la femme ou ses héritiers peuvent avoir ces deux intérêts opposés, suivant qu'ils acceptent la communauté ou qu'ils y renoncent, alors ils seraient fondés à poursuivre les récompenses de droit ; et, en cas de contestation sur la consistance et valeur du mobilier non inventorié, ils pourraient en faire preuve par titres et papiers domestiques, ou par témoins, et même par commune renommée, c'est-à-dire, sur la valeur d'opinion que pouvait avoir le mobilier.

Le mari n'a jamais cette faculté, quand même son intérêt l'exigerait. Il a à se reprocher de n'avoir pas fait faire l'inventaire.

ARTICLE 1416.

Les dispositions de l'article 1414 ne font point obstacle à ce que les créanciers d'une succession en partie mobilière, et en partie immobilière , poursuivent leur paiement sur les biens de la communauté , soit que la succession soit échue au mari, soit qu'elle soit échue à la femme, lorsque celle-ci l'a acceptée du consentement de son mari, le tout sauf les récompenses respectives.

Il en est de même si la succession n'a été acceptée par la femme, que comme autorisée en justice, et que néanmoins le mobilier en ait été confondu dans celui de la communauté, sans un inventaire préalable.

Les créanciers d'une succession, composée partie de meubles et partie d'immeubles, ont toujours le droit de poursuivre le paiement de leur créance sur les biens de la communauté, soit que la succession soit échue au mari, soit qu'elle soit échue à la femme, lorsque celle-ci l'a acceptée du consentement de son mari. Cette acceptation est en ce cas regardée comme le fait du mari.

Il est dû cependant une récompense à celui des conjoints, au détriment duquel les dettes de l'autre ont été acquittées sur les fonds de la communauté.

Les créanciers ont encore ce droit, lors même que l'acceptation de la femme a été faite par autorisation de justice, si le mobilier qui a été recueilli est entré dans la communauté.

Mais cela n'a lieu qu'autant que le mari a négligé de faire faire un inventaire ; car, si l'inventaire a eu lieu, la communauté n'est tenue des dettes que jusqu'à concurrence de la valeur du mobilier dont elle a profité, comme on va le voir sur l'article suivant.

D'où l'on peut conclure, comme de plusieurs autres dispositions, la nécessité d'un inventaire lors de la dissolution de la communauté.

ARTICLE 1417.

Si la succession n'a été acceptée par la femme, que comme autorisée en justice au refus du mari ; et, s'il y a eu inventaire, les créanciers ne peuvent poursuivre leur paiement que sur les biens tant mobiliers qu'immobiliers de ladite succession ; et, en cas d'insuffisance, sur la nue propriété des autres biens personnels de la femme.

C'est ici une exception de la règle établie dans l'article précédent. Si l'on a fait faire inventaire des biens que la femme a recueillis avec l'autorisation de la justice, alors les créanciers peuvent poursuivre leur paiement tant sur les meubles que sur les immeubles de la succession ; mais la communauté ne doit que jusqu'à concurrence de ce qu'elle a profité de cette succession.

En cas d'insuffisance, les créanciers ne peuvent porter leurs exécutions que sur la nue propriété des biens propres à la femme ; ils ne peuvent en saisir les fruits, ni même faire adjuger les fonds jusqu'après la dissolution de la communauté. La femme n'a pu nuire à la communauté par une acceptation inconsidérée que son mari n'a pas autorisée.

ARTICLE 1418.

Les règles établies par les articles 1411 et suivans, régissent les dettes dépendant d'une donation, comme celles résultant d'une succession.

Les règles dont on vient de parler, et qui ont lieu dans le cas d'une succession échue au mari ou à la femme, s'appliquent encore à celui d'une donation qui serait faite à l'une ou à l'autre, en suivant néanmoins les règles établies pour ces espèces d'actes.

ARTICLE 1419.

Les créanciers peuvent poursuivre le paiement des dettes que la femme a contractées avec le consentement du mari, tant sur tous les biens de la communauté, que sur ceux du mari ou de la femme, sauf la récompense due à la communauté, ou l'indemnité due au mari.

Lorsque la femme s'est obligée avec le consentement de son mari, les créanciers envers lesquels l'obligation a été contractée peuvent poursuivre leur paiement, tant sur les biens de la communauté que sur les biens personnels du mari ou de la femme.

Il est dû cependant une indemnité, ou au mari ou à la communauté, suivant que l'obligation a été contractée pour l'intérêt de la femme seule ou pour celui du mari. Dans le premier cas, il est dû une indemnité au mari ; dans le second, il est dû récompense à la communauté ; car toutes les dettes du mari sont dettes de la communauté, et non celles de la femme.

ARTICLE 1420.

Toute dette qui n'est contractée par la femme qu'en vertu de la procuration générale ou spéciale du mari, est à la charge de la communauté, et le créancier n'en peut poursuivre le paiement ni contre la femme, ni sur ses biens personnels.

Lorsque la femme ne s'est obligée qu'au nom de son mari, et en vertu d'une procuration générale ou spéciale de sa part ; cette obligation ne concerne que lui ; la femme n'en est pas plus responsable que tout autre mandataire que le mari aurait chargé de contracter en son nom.

SECTION II.

De l'Administration de la Communauté, et de l'effet des Actes de l'un ou de l'autre Époux, relativement à la Société conjugale.

ARTICLE 1421.

Le mari administre seul les biens de la communauté.

Il peut les vendre, aliéner et hypothéquer sans le concours de la femme.

Après avoir fixé quels sont les biens qui entrent dans la communauté, la loi règle la manière dont elle doit être administrée.

Telle est la nature de la société conjugale que produit la communauté, que le mari en est le seul maître tant qu'elle dure, et qu'il a parconséquent droit de disposer à son gré des biens qui la composent, tant pour sa part que pour celle de sa femme, même sans son consentement.

Le domaine du mari sur les biens de la communauté est illimité ; il peut les vendre, les engager, les dissiper, les perdre, sans en être comptable ; il peut laisser périr par la prescription les droits qui en dépendent ; dégrader les héritages, les aliéner, les hypothéquer, les soumettre à des servitudes, briser les meubles, etc.

Ceux qui trouveraient une telle loi déraisonnable doivent faire attention que la nature de la communauté l'exigeait ainsi : elle est établie pour le profit commun des époux : or les fonds d'une communauté ne peuvent profiter si on ne peut les administrer comme les circonstances l'exigent. Le mari peut à la vérité abuser d'un pareil droit, mais il peut aussi le rendre profitable. On s'est exposé à courir la chance de la dilapidation, pour avoir celle du gain. On n'a pas supposé qu'un mari, intéressé lui-même à la communauté, cherchât à en dissiper volontairement les fonds.

Et c'est en ceci principalement que la communauté diffère du régime dotal. Celui-ci établit aussi une société entre les époux. Mais la femme ne met en quelque sorte dans cette société que les revenus de sa dot, qui doivent fournir avec ceux du mari au soutien des charges du ménage. Les fonds ne peuvent être aliénés du moins sans le consentement de la femme.

Mais de la gêne qu'on impose au mari, relativement aux biens dotaux de sa femme, il résulte nécessairement que ces biens restent toujours tels que la femme les a apportés ; mais, s'ils ne peuvent perdre, ils ne peuvent aussi gagner ; et, quand le mariage est dissous, la femme n'a droit de réclamer que ce qu'elle a apporté.

Les profits de la communauté, au contraire, sont pour elle comme pour le mari : mais aussi elle risque de perdre ce qu'elle a mis dans la communauté. Ce risque n'existe cependant pas toujours ; car, comme nous le verrons ailleurs, elle a droit de stipuler la reprise de ce qu'elle a versé dans la communauté, franche et quitte de toute dette.

Elle peut se soustraire encore aux dettes de la communauté, en y renonçant ; droit qui n'est pas donné au mari, ni à ses héritiers.

Il suit encore de là que les droits de la femme sur les profits de la communauté ne naissent qu'à l'époque de la dissolution du mariage. La propriété absolue du mari a duré jusqu'alors : elle cesse à cette époque, et de là est venue cette ancienne maxime, *que le mari est maître tant qu'il vit, mais qu'il n'est plus qu'associé quand il meurt.*

ARTICLE 1422.

Il ne peut disposer entre-vifs, à titre gratuit, des immeubles de la communauté, ni de l'universalité ou d'une quotité du mobilier, si ce n'est pour l'établissement des enfans communs.

Il peut néanmoins disposer des effets mobiliers, à titre gratuit et particulier, au profit de toutes personnes, pourvu qu'il ne s'en réserve pas l'usufruit.

On fait ici un changement notable dans les prérogatives du mari, relativement aux biens de la communauté. La coutume de Paris (art. 225) lui laissait la faculté de disposer entre-vifs à titre gratuit, non seulement de la totalité des meubles, mais encore des conquêts immeubles faits durant et constant le mariage.

D'après le présent article, il ne lui est plus permis de disposer à titre gratuit, non seulement des conquêts immeubles, mais encore de l'universalité ou d'une quotité du mobilier. Cela ne lui est permis qu'en un cas, qui est celui où il s'agirait de procurer un établissement d'un enfant issu des deux époux vivant en communauté.

On lui permet encore de disposer en particulier et entre-vifs d'un effet mobilier, pourvu qu'il ne s'en réserve pas l'usufruit.

Cette réserve indiquerait qu'il a voulu, en se conservant, du moins sa vie durant, cet effet mobilier, en frustrer son conjoint ; et l'on verra plus bas que la loi, en permettant au mari de disposer à son gré des effets de la communauté, de les vendre, aliéner, etc. excepte néanmoins les aliénations faites en fraude de la femme.

Voyez Pothier, *tom. 2, part. 2, art. 2, n° 479 et suiv.*

Il en serait de même s'il convertissait le prix d'un effet mobilier en rente viagère sur sa tête. Ce serait s'en réserver l'usufruit. Augeard, *tom. 2, arrêt.* 85.

ARTICLE 1423.

La donation testamentaire faite par le mari ne peut excéder sa part dans la communauté.

S'il a donné en cette forme un effet de la communauté, le donataire ne peut le réclamer en nature qu'autant que l'effet, par l'événement du partage, tombe au lot des héritiers du mari : si l'effet ne tombe point au lot de ces héritiers, le légataire a la récompense de la valeur totale de l'effet donné, sur la part des héritiers du mari, dans la communauté et sur les biens personnels de ce dernier.

Du principe que le mari n'est le maître de la totalité des biens de la communauté que pendant qu'elle dure, et que, par sa dissolution, il est réduit à la propriété de la moitié, il s'ensuit qu'il ne peut disposer, par acte de dernière volonté, que de cette moitié.

Par la dissolution de la communauté, le droit de la femme est établi sur l'autre moitié, et on ne saurait l'en priver ou l'altérer sous aucun prétexte.

La loi l'entend tellement de cette manière, que, si le mari avait disposé en faveur de quelqu'un d'un effet de la communauté, le légataire ne peut le réclamer qu'autant que, par l'événement du partage, cet effet tomberait au lot des héritiers du mari. Autrement le légataire n'a à prétendre qu'une récompense égale à la valeur de l'effet sur la part des héritiers du mari dans la communauté, ou sur les biens personnels de ce dernier.

Cette décision fait cesser les doutes qui s'étaient élevés entre les Jurisconsultes sur les legs en général d'une chose commune entre le testateur et d'autres personnes; et qu'on peut voir dans Pothier, *de la communauté, tom. 2, part. 2, art.* 1, *n°* 475.

ARTICLE 1424.

Les amendes encourues par le mari, pour crime, n'emportant pas mort civile, peuvent se poursuivre sur les biens de la communauté, sauf la récompense due à la femme; celles encourues par la femme ne peuvent s'exécuter que sur la nue propriété de ses biens personnels, tant que dure la communauté.

Dans l'ancienne jurisprudence, les réparations, les condamnations d'amende prononcées contre le mari à raison d'un délit qu'il avait commis, se prenaient sur toute la communauté, quand la communauté n'emportait ni la mort naturelle, ni la mort civile, et n'opérait

pas la dissolution du mariage, et par une suite nécessaire celle de la communauté.

Le mari, disait-on, étant le maître de la communauté peut en diminuer les fonds par les amendes et
réparations auxquelles il est condamné, comme il pourrait le faire par le jeu et autres folles dépenses.

On a pensé autrement dans le Code Civil. Le recouvrement des amendes et réparations prononcées
contre le mari peut bien être poursuivi sur les biens
de la communauté; mais la femme, lors du partage,
a une récompense à prétendre. C'est une innovation
qui est tout à fait opposée aux principes fondamentaux
de la communauté.

Quant aux condamnations prononcées contre la
femme pour le délit dont elle s'était rendue coupable,
non seulement on ne pouvait en poursuivre l'exécution
sur les biens de la communauté, mais encore sur les
fruits des biens propres à la femme, dont le mari avait
la jouissance. On ne pouvait exécuter que la nue propriété, et faire vendre les fonds qu'à la charge de la
jouissance, du mari pendant la durée du mariage et de
la communauté. Il fallait cependant pour cela que le
mari désavouât sa femme, et que la communauté n'eût
pas profité du délit. *Régl. du Droit franç. liv.* 4,
chap. 1, *art.* 26. Pothier, *tom.* 1, *part.* 1, *chap.* 2,
sect. 1, *art.* 1, §. 5, *n°* 256. Le Code a adopté cette
règle.

ARTICLE 1425.

Les condamnations prononcées contre
l'un des deux époux, pour crime, emportant
mort civile, ne frappent que sa part de la
communauté et de ses biens personnels.

La règle dont il est ici question était suivie dans

l'ancienne jurisprudence. Ce n'est pas la totalité de la communauté qui répond, en ce cas, du délit de l'un ou de l'autre époux, c'est seulement la portion du coupable.

ARTICLE 1426.

Les actes faits par la femme sans le consentement du mari, et même avec l'autorisation de la justice, n'engagent point les biens de la communauté, si ce n'est lorsqu'elle contracte comme marchande publique et pour le fait de son commerce.

Les droits de la femme sur les biens de la communauté, tant qu'elle dure, ne sont que des droits sans réalité : ils ne prennent de la solidité qu'au moment où elle se dissout, et que la loi en ordonne le partage.

Ces droits se réduisent donc, pendant la durée du mariage, à une simple espérance de partager les biens qui composeront la communauté à l'époque de sa dissolution : c'est seulement alors que les droits de la femme se réalisent, et acquièrent de la consistance.

La femme ne peut donc seule et d'elle-même disposer de rien de sa part de la communauté, tant qu'elle dure : elle n'en a même pas d'assurée : elle peut cependant en disposer, par un consentement exprès ou présumé du mari.

Le consentement exprès a lieu lorsque la femme contracte une obligation avec autorisation spéciale de son mari. On verra plus bas quels sont les effets d'une obligation pareille.

Le consentement présumé du mari a lieu lorsqu'une femme, marchande publique, dispose de quelque effet de la communauté par des contrats relatifs à son commerce : elle est censée alors disposer conjointement avec son mari, lequel, en souffrant son commerce, est censé approuver ces contrats, et les faire avec sa femme.

Les dispositions de cet article se réfèrent à celles de l'article 220 du Code Civil, où l'on explique d'ailleurs que la femme n'est censée marchande publique qu'autant qu'elle fait un commerce séparé de celui de son mari, et non lorsqu'elle ne fait que détailler les marchandises de son mari.

ARTICLE 1427.

La femme ne peut s'obliger ni engager les biens de la communauté, même pour tirer son mari de prison, ou pour l'établissement de ses enfans, en cas d'absence du mari, qu'après y avoir été autorisée par justice.

L'on verra plus bas que, même sous le régime dotal qui prohibe l'aliénation des biens de la femme, cette prohibition cesse lorsqu'il est question de tirer le mari de prison, ou de fournir à l'établissement des enfans, en cas d'absence du mari.

Cette faculté qu'a la femme de s'obliger doit, à plus forte raison, avoir lieu sous le régime de la communauté, par lequel les biens ne sont point inaliénables. Cependant la femme ne peut s'obliger ni engager les biens de la communauté, sans y être auparavant autorisée par la justice.

Cette autorisation lui confère alors sur les biens de la communauté des droits qu'elle n'avait point auparavant, puisque n'ayant encore aucune portion d'assurée dans la communauté, elle ne pouvait disposer de ce qui ne lui appartenait pas.

La loi lui donne ici ce pouvoir dans deux cas,
1° lorsqu'il est question de tirer son mari de prison;
2° lorsque, en l'absence de son mari, il s'agit d'établir
un de leurs enfans.

En ces deux cas, elle oblige, en contractant, les biens
de la communauté : elle ne fait que suppléer à ce qu'aurait fait le mari même, s'il avait été libre ou présent.

L'absence dont on parle ici est la disparition sans
nouvelles, sur laquelle a disposé le titre IV du Code
Civil.

ARTICLE 1428.

Le mari a l'administration de tous les
biens personnels de la femme.

Il peut exercer seul toutes les actions
mobilières et possessoires qui appartiennent
à la femme.

Il ne peut aliéner les immeubles personnels de sa femme sans son consentement.

Il est responsable de tout dépérissement
des biens personnels de sa femme , causé
par défaut d'actes conservatoires.

La loi, après avoir parlé dans les articles précédens
des droits du mari sur les biens de la communauté, traite
ici de ceux qu'il exerce sur les biens propres de la femme,
et qui sont hors de la communauté.

Nous avons déjà fait remarquer, dans nos observations préliminaires, que, suivant la jurisprudence suivie
aujourd'hui dans toute la France, la personne et les
biens de la femme passent sous la puissance du mari.

Celui-ci n'acquiert point à la vérité la propriété et
le domaine des biens de sa femme; mais il a, en sa

qualité de mari, un droit de gouvernement et d'administration, qui consiste principalement en deux points;

Le premier est celui de percevoir tous les fruits et revenus des biens propres de la femme pendant toute la durée du mariage, et de jouir de tous les droits utiles qui en dépendent. Ces fruits et ces revenus font partie la communauté, ainsi que nous l'avons vu plus haut, à moins qu'ils n'en aient été exclus.

Le second est d'en avoir l'administration, d'en passer les baux, etc.

Tous ces droits appartiennent au mari, soit qu'il y ait communauté, soit qu'il n'y en ait point. Car la simple exclusion de la communauté n'empêche pas le mari d'avoir la jouissance de tous les biens de sa femme, pour soutenir les charges du mariage, et d'en avoir l'administration.

Ce sont les mêmes droits que le régime dotal ordinaire donne au mari ; ainsi, ce régime non seulement existe sans la communauté, mais il s'allie encore avec elle, lorsque la femme a des biens propres et personnels.

Mais le domaine qu'a le mari sur les biens propres de sa femme n'est que celui d'un usufruitier ; il est tenu aux mêmes obligations que lui.

Il peut exercer seul, et sans le concours de la femme, toutes les actions mobilières et possessoires qui appartiennent à la femme ; mais il ne peut, sans elle, intenter les actions qui concernent la propriété foncière desdits biens, ni y défendre sans elle. Il ne peut les vendre, ni les engager sans son consentement, non plus que les partager, ni les liciter ; car la propriété foncière reste toujours à la femme, et personne, pas même le mari, n'a droit d'en disposer sans son consentement ; et c'est le seul point sur lequel ce régime dotal diffère de l'autre, dans lequel, excepté quelques cas très-rares, les biens de la femme ne peuvent être aliénés, même avec son consentement.

Le mari, ou, pour mieux dire, la communauté, lorsqu'elle existe, ayant la jouissance de tous les biens propres des conjoints, est chargée de toutes les dépenses d'entretien; et cet entretien comprend toutes les dépenses qu'il faut faire pour la jouissance de ces héritages, et pour les tenir en bon état, selon leur différente nature.

Le mari serait responsable des détériorations que les biens de la femme auraient souffert par sa faute. Ce sont encore des obligations d'un usufruitier, telles qu'elles sont réglées par la loi.

Lorsqu'il y a communauté, comme elle jouit des revenus des propres de chacun des conjoints, c'est elle qui est tenue et reponsable des réparations d'entretien.

ARTICLE 1429.

Les baux que le mari seul a faits des biens de sa femme, pour un temps qui excède neuf ans, ne sont, en cas de dissolution de la communauté, obligatoires vis-à-vis de la femme ou de ses héritiers, que pour le temps qui reste à courir soit de la première période de neuf ans, si les parties s'y trouvent encore, soit de la seconde, et ainsi de suite, de manière que le fermier n'ait que le droit d'achever la jouissance de la période de neuf ans où il se trouve.

Les baux que le mari a passés des héritages propres de la femme, sont censés faits en sa qualité d'administrateur de ces biens; et la femme est supposée les avoir faits elle-même par son ministère conjointement avec lui. C'est pour cela que la femme, aussi bien que ses héritiers, sont obligés, après la dissolution du mariage ou de la communauté, d'entretenir, pour tout le temps qui reste à courir, les baux à ferme ou à loyer, que le mari a faits seul, des héritages propres de la femme.

C'était la règle de l'ancienne jurisprudence; mais alors la durée des baux ne pouvait excéder neuf années. La loi du 28 septembre 1791 a laissé à cet égard une liberté à peu près illimitée aux parties contractantes. Il fallait obvier à l'abus qui pouvait résulter d'un pouvoir trop étendu, qu'on aurait laissé au mari à cet égard; car, en faisant des baux d'une durée considérable, il aurait lié d'avance sa femme, et il aurait pu porter un préjudice notable à ses intérêts, par un arrangement frauduleux.

Aussi, si les baux faits par le mari excèdent neuf années, ils ne sont, en cas de dissolution de la communauté, obligatoires vis-à-vis de la femme ou de ses héritiers, que pour le temps qui reste à courir des neuf années commencées, et dans la période desquelles on se trouve. Mais si le bail, en excédant neuf ans, n'allait pas jusqu'à dix-huit, il ne tiendrait que pour le temps qui resterait à courir. Les anciennes lois, et entre autres la coutume de Paris (art. 227), pour prévenir l'abus que le mari pouvait faire du droit de passer les baux des biens propres de sa femme, en avaient fixé la durée à six ans pour les baux des héritages assis à Paris, et à neuf ans pour les héritages assis au champ, et au-dessous sans fraude.

La loi nouvelle n'a pas fait de distinction à cet égard, et elle a soumis tous les héritages indistinctement à la même règle.

ARTICLE 1430.

Les baux de neuf ans, ou au-dessous, que le mari seul a passés ou renouvelés des biens de sa femme, plus de trois ans avant l'expiration du bail courant, s'il s'agit de biens ruraux, et plus de deux ans avant la même époque, s'il s'agit de maisons, sont sans effet, à moins que leur exécution n'ait commencé avant la dissolution de la communauté.

Nous avons vu par l'article précédent que la coutume de Paris, en permettant au mari de faire des baux dont elle déterminait la durée, exigeait cependant encore qu'ils fussent faits *sans fraude.*

Cette fraude consiste dans le dessein affecté de priver la femme ou ses héritiers de la disposition qu'ils doivent avoir de la jouissance de ses héritages propres, après la dissolution de la communauté.

Elle se présume lorsque le mari s'est empressé de renouveler ces baux à une époque où ce renouvellement était inutile et prématuré; lorsqu'il y a, par exemple, encore plusieurs années à courir du bail antérieur.

La femme n'était point obligée autrefois de tenir ces baux anticipés. Elle ni ses héritiers ne le seront plus aujourd'hui, lorsqu'ils auront été renouvelés plus de trois ans avant l'expiration du bail courant, s'il s'agit de biens ruraux, et plus de deux ans avant la même époque, s'il s'agit d'une maison.

Les baux sont de nul effet dans ces deux cas, à moins que leur exécution n'eût commencé avant la dissolution de la communauté.

Mais cela ne concerne que les baux de neuf ans ou

au-dessous : s'ils excédaient, il faudrait se régler par l'article précédent.

Les règles établies dans ces deux articles s'appliquent au régime dotal, comme à celui de la communauté.

ARTICLE 1431.

La femme qui s'oblige solidairement avec son mari, pour les affaires de la communauté ou du mari, n'est réputée, à l'égard de celui-ci, s'être obligée que comme caution ; elle doit être indemnisée de l'obligation qu'elle a contractée.

Il est question ici des obligations contractées par la femme pendant la durée du mariage. Nous avons déjà rappelé dans nos observations préliminaires que les Romains, pour perfectionner le système dotal, avaient non seulement déclaré les biens dotaux de la femme inaliénables, mais que, par le senatus-consulte Velléien, ils lui avaient défendu encore de les obliger ou de les hypothéquer, même en faveur de son mari ; ce qui n'était qu'une aliénation indirecte.

Ce sénatus-consulte avait paru si sage, qu'il avait été reçu non seulement dans les pays de la France régis par le droit écrit, mais encore dans un grand nombre de pays coutumiers. Du moins dans ceux-ci les femmes ne pouvaient s'obliger qu'en renonçant au sénatus-consulte Velléien. On trouva en 1606 que cette gêne imposée aux femmes était opposée à ce qu'on croyait être les principes d'une saine politique, et que, pour encourager le commerce, et donner aux maris les moyens de se procurer le sommes nécessaires pour le faire, il fallait permettre à leurs femmes d'obliger leurs biens dotaux. Ainsi les idées exagérées de commerce, qui commençaient à s'accréditer, prévalurent alors au point d'y sacrifier le bonheur et la stabilité des familles, qui ont le plus grand intérêt à ce que les dots soient inaliénables.

Un édit de 1606 défendit donc d'insérer dans les obligations des femmes la renonciation au sénatus-consulte Velléïen, et déclara toutes leurs obligations valables, nonobstant toutes ces renonciations.

Cet édit cependant ne fut point enregistré dans la plupart des parlemens de pays de droit écrit. Les obligations des femmes continuèrent d'y être nulles, conformément au sénatus-consulte Velléïen. Il en fut de même dans quelques pays de coutumes, telles que la ci-devant Flandre. Mais, dans la presque totalité de ces derniers et dans les pays de droit écrit du ressort du parlement de Paris, les obligations des femmes furent déclarées valables.

Ainsi, comme nous l'avons déjà fait observer ailleurs, le régime dotal adopté dans ces pays n'empêchait pas que les biens dotaux ne fussent aliénables.

Les principes adoptés par l'édit de 1606 sont consacrés par les lois nouvelles. Les femmes peuvent s'obliger pendant la durée du mariage, hors le cas où dans leur contrat matrimonial elles se seraient soumises à ce qu'on appelle le régime dotal.

Il est donc question, dans cet article, des obligations solidaires contractées par la femme conjointement avec son mari, pour les affaires de la communauté ou de son mari.

La femme ne peut pas, comme nous l'avons déjà dit, seule et d'elle-même disposer de sa part de la communauté, mais elle peut en disposer conjointement avec son mari ; et cela de deux manières ; savoir, en sa qualité de commune ou en son propre et privé nom.

Lorsque le mari dispose et contracte des biens de

la communauté, comme c'est en sa qualité de chef de la communauté qu'il est censé contracter, il s'oblige tant pour lui que pour sa femme, quoiqu'elle ne soit ni présente, ni nommée au contrat.

Mais comme cette obligation de la femme n'est contractée qu'en sa qualité de commune, et non en son propre et privé nom, elle peut s'en décharger, en renonçant à la communauté, comme nous le verrons plus bas.

Mais lorsque la femme contracte ou s'oblige personnellement et en son propre nom pour les affaires de la communauté ou pour les affaires personnelles de son mari, et en étant de lui autorisée, elle ne peut point se décharger d'une pareille obligation en renonçant à la communauté : elle peut être poursuivie par ceux envers qui elle s'est obligée non seulement sur sa portion de la communauté, mais encore sur ses biens propres.

Cependant elle n'est réputée dans les obligations de ce genre que caution de son mari ; et si elle est obligée de payer, elle a droit de prétendre une indemnité, soit contre lui, soit contre ses héritiers.

ARTICLE 1432.

Le mari qui garantit solidairement, ou autrement, la vente que sa femme a faite d'un immeuble personnel, a pareillement un recours contre elle, soit sur sa part dans la communauté, soit sur ses biens personnels, s'il est inquiété.

La garantie que la loi accorde à la femme pour être indemnisée de ce qu'elle a été contrainte de payer pour son mari, elle la donne aussi à ce dernier, lorsqu'il s'est rendu caution solidaire ou autrement de la vente que sa femme a faite d'un immeuble personnel.

Si le mari est inquiété à raison de ce cautionnement, il peut s'indemniser de ce qu'il est obligé de payer, ou sur la portion de la communauté qui revient à la femme ou à ses héritiers, ou sur ses biens personnels.

ARTICLE 1433.

S'il est vendu un immeuble appartenant à l'un des époux, de même que si l'on s'est rédimé en argent de services fonciers dus à des héritages propres à l'un d'eux, et que le prix en ait été versé dans la communauté, le tout sans remploi, il y a lieu au prélèvement de ce prix sur la communauté, au profit de l'époux qui était propriétaire, soit de l'immeuble vendu, soit des services rachetés.

Cet article statue, à l'égard de l'aliénation qui aurait pu avoir été faite, pendant la communauté, d'un bien propre de l'un ou de l'autre des conjoints ; car, dans le régime de la communauté, et même dans les principes de l'ancien régime dotal des pays où le sénatus-consulte Velléien n'était pas reçu, la femme a le droit d'aliéner ses biens propres et hors de la communauté, comme nous l'avons déjà vu.

Si donc l'on avait aliéné un bien propre, ou du mari ou de la femme, dont le prix eût été versé dans la communauté, sans qu'on en eût fait le remploi, c'est-à-dire, sans qu'on en eût acheté un autre fonds qui remplaça celui qui avait été aliéné ; alors le conjoint dont le propre a été vendu se trouve créancier de la communauté du prix qu'elle en a retiré. Cela n'avait lieu autrefois qu'autant que le contrat de mariage en avait une stipulation expresse; et, quand un mari ou une femme vendaient leur propre, les deniers provenant de la rente entraient dans la communauté, sans espoir de répétition, le cas de la dissolution arrivant. Aussi, suivant un ancien proverbe, le mari ne pouvait se lever trop matin pour vendre les propres de sa femme. Loisel, *instit. cout. liv.* 1, *tit.* 2, *art.* 14. Mais c'était là une voie indirecte par laquelle les époux pouvaient s'avantager pendant la durée de la communauté, puisque l'un d'eux, en vendant ses propres et en en versant le prix dans la communauté, avantageait l'autre d'autant pour la part qu'il devait avoir dans les biens de la communauté.

C'est pour cette raison que la coutume de Paris, dont cet article est tiré, ordonna que, lorsqu'il aurait été vendu un héritage propre d'un des conjoints, et que le prix en aurait été versé dans la communauté, le conjoint à qui le fonds appartenait aurait droit d'en prélever le prix sur la communauté.

Il en est de même du rachat d'une rente due à des héritages propres de l'un des conjoints, et dont le prix du rachat aurait été versé dans la communauté.

Quid, si la femme était séparée de biens? La question du prélèvement dépendrait alors de celle de savoir si le prix du fonds vendu a été employé ou non au profit du mari. Pothier, *tom.* 2, *part.* 4, *chap.* 1, *sect.* 1, *art.* 2, *n°* 605.

ARTICLE 1434.

Le remploi est censé fait à l'égard du mari, toutes les fois que, lors d'une acquisition, il a déclaré qu'elle était faite des deniers provenus de l'aliénation de l'immeuble qui lui était personnel, et pour lui tenir lieu de remploi.

Nous avons vu la précaution que la loi prend dans l'article précédent, pour assurer aux conjoints dont les biens propres ont été aliénés, et le prix versé dans la communauté, le recouvrement de la valeur de ces fonds.

Mais cette précaution est inutile, lorsqu'il a été fait remploi du prix de ces fonds, c'est-à-dire, qu'il a été employé à l'achat d'un nouveau fonds; aussi avons-nous vu que l'article précédent ne dispose qu'à défaut de remploi.

Ici la loi dit que le remploi est censé fait à l'égard du mari, toutes les fois qu'en faisant l'acquisition d'un fonds, il déclare qu'elle est faite des deniers provenant de l'aliénation d'un immeuble qui lui était personnel, ou pour lui tenir lieu de remploi; l'une et l'autre de ces clauses suffit. Pothier, *tom.* 1, *part.* 1, *chap.* 2, *art.* 2, §. 2, *art.* 198.

Le domaine acquis des deniers provenant du prix du propre aliéné, est subrogé de plein droit à sa place, et le mari n'a plus rien à prétendre contre la communauté.

Pour que la déclaration puisse rendre l'héritage nouvellement acquis propre de communauté par subrogation, il faut qu'elle soit faite *in continenti* dans le contrat même d'achat; inutilement la ferait-on après : l'héritage acquis serait conquêt de communauté; le mari n'aurait que le prix du propre vendu à répéter. Pothier, *ibid.*

Si le mari avait cependant acheté pour un prix plus considérable que celui qu'il a vendu, l'héritage acquis ne deviendrait propre de subrogation que jusqu'à concurrence du prix du propre aliéné : il serait conquêt pour le surplus.

. Il en serait de même, si en échangeant un propre

«ontre un autre fonds, on avait été obligé de payer un retour.

ARTICLE 1435.

La déclaration du mari, que l'acquisition est faite des deniers provenus de l'immeuble vendu par la femme, et pour lui servir de remploi, ne suffit point, si ce remploi n'a été formellement accepté par la femme ; si elle ne l'a pas accepté, elle a simplement droit, lors de la dissolution de la communauté, à la récompense du prix de son immeuble vendu.

Lorsque c'est pour tenir lieu de remploi des propres de la femme que le mari acquiert un héritage durant le mariage, il faut également que la déclaration en soit faite par le contrat d'acquisition ; mais cela ne suffit pas encore pour lier la femme, si elle n'a déclaré formellement qu'elle acceptait ce remploi, ou si elle n'était partie au contrat.

Car elle peut refuser de l'accepter lors de la dissolution de la communauté, et réclamer la récompense du prix de son immeuble vendu.

Il n'est pas nécessaire que l'acceptation de la femme se fasse dans l'acte même d'achat, elle peut la faire par un acte postérieur.

C'était une difficulté de savoir si lorsqu'une femme ne s'était point expliquée expressément pendant la durée de la communauté, elle pouvait après sa dissolution accepter pour son remploi l'acquisition faite par le mari, malgré ses héritiers ; la majorité des auteurs était pour lui attribuer ce droit. La loi l'en prive, et la réduit en ce cas à la récompense du prix de son immeuble vendu.

La difficulté venait sur-tout de ce qu'une fois le remploi accepté, les dommages ou les augmentations survenus à l'héritage acquis en remploi, étaient pour le compte de la femme. En gardant le silence, elle laissait les choses en suspens, et se réservait le droit de prendre ce qui lui serait le plus avantageux.

ARTICLE 1436.

La récompense du prix de l'immeuble appartenant au mari, ne s'exerce que sur la masse de la communauté ; celle du prix de l'immeuble, appartenant à la femme, s'exerce sur les biens personnels du mari, en cas d'insuffisance des biens de la communauté. Dans tous les cas, la récompense n'a lieu que sur le pied de la vente, quelque allégation qui soit faite touchant la valeur de l'immeuble aliéné.

Quoique cette section de la loi soit intitulée de l'administration de la communauté et des effets des actes de l'un ou de l'autre des époux, relativement à la société conjugale, on voit par les articles précédens qu'il y est question de la récompense qui est due, en certains cas, aux conjoints, et dont on ne s'occupe pas pendant la durée de la communauté, mais seulement lorsqu'elle est dissoute.

On décide ici que lorsqu'il est dû récompense au mari pour la vente d'un immeuble à lui propre, et dont le prix a été versé dans la communauté, cette récompense se prend sur la masse de la communauté ; car la communauté ayant profité du prix du fonds aliéné, en est devenue par là débitrice ; et si elle est insuffisante pour payer, le mari ne peut avoir de recours sur les biens personnels de la femme.

On suit une règle opposée à l'égard de celle-ci : la récompense de la femme se prend d'abord, comme celle du mari, sur la masse de la communauté; mais en cas d'insuffisance, elle a son recours sur les biens personnels du mari.

La raison de cette différence vient du principe, que le mari, étant le maître de la communauté, il est responsable de ses dettes, non seulement sur sa portion de la communauté, mais encore sur ses biens personnels. Or, la récompense de la femme étant une dette de la communauté, le mari en répond comme des autres.

ARTICLE 1437.

Toutes les fois qu'il est pris sur la communauté une somme, soit pour acquitter des dettes ou charges personnelles à l'un des époux, telles que le prix ou partie du prix d'un immeuble à lui propre, ou le rachat de services fonciers, soit pour le recouvrement, la conservation ou l'amélioration de ses biens personnels, et généralement toutes les fois que l'un des deux époux a tiré un profit personnel des biens de la communauté, il en doit la récompense.

On rappelle ici en général les divers cas où il peut être dû une récompense à l'un ou à l'autre des conjoints. Il y a quelques principes généraux à ce sujet, qu'il est bon de rappeler ici.

Cette récompense a lieu toutes les fois que l'un ou l'autre des époux a retiré quelque profit, ou s'est enrichi aux dépens de la communauté, et cela arrive lorsque l'on acquitte des deniers de la communauté les dettes personnelles de l'un des époux; par exemple, si l'on rachète des deniers de la communauté des services fonciers auxquels l'un de ses propres était soumis; si l'on a fait à ses biens des améliorations foncières nécessaires et indispensables, qu'il eût été obligé de faire lui-même; enfin, si l'un des époux s'est servi des fonds de la communauté pour son profit particulier, comme s'il en a acquis un bien qui lui soit demeuré propre, etc.

Mais, dans tous ces cas, la récompense n'est pas toujours de ce qu'il en a coûté à la communauté pour l'affaire particulière de l'un des conjoints; elle n'est due que jusqu'à concurrence de ce qu'il en a réellement profité.

Ainsi, si c'est une rente imposée sur les fonds d'un des conjoints, qui a été rachetée des deniers de la communauté, celui au profit duquel ce rachat a été fait, ne doit pas la somme qu'il en a coûté, mais seulement la continuation de la rente.

D'où il arrive que si c'est au profit de la femme que le rachat a été fait, et qu'elle accepte la communauté, elle ne doit que la continuation de la moitié de la rente en faveur des héritiers de son mari; l'autre moitié devant être supportée par la portion de la communauté qu'ils ont eue. Si la femme renonce, elle doit la totalité de la rente: il y a pour ce cas d'autres difficultés dont on peut voir la discussion dans Pothier, *tom.* 2, *part.* 4, *chap.* 1, *sect.* 2, *art.* 2, *art.* 622 *et suiv.*

Le conjoint, propriétaire de l'héritage sur lequel il a été fait une impense nécessaire et indispensable, en doit toujours la récompense, quand même l'héritage serait venu à périr; comme si une maison réparée aux frais de la communauté avait été incendiée.

Mais, dans ce cas, on n'est obligé de payer que les impenses nécessaires et indispensables que le conjoint aurait été forcé de faire lui-même.

Le montant des impenses qui ne sont qu'utiles n'est point dû de sa valeur totale, mais seulement jusqu'à concurrence de ce que l'héritage propre de l'un des conjoints, sur lequel elles ont été faites, se trouve valoir davantage au temps de la dissolution de la communauté, suivant l'estimation qui en est faite par experts ; de manière que si, par un accident fortuit, l'héritage avait péri, les impenses utiles ne seraient pas dues.

Elles diffèrent en cela des nécessaires, comme nous l'avons vu ; mais l'époux à qui appartenait l'héritage aurait été forcé de faire celles-ci ; il n'aurait fait les autres qu'autant qu'il l'aurait bien voulu.

Il n'est rien dû pour les dépenses stériles et de pur ornement : ce sont d'ailleurs des règles générales.

Une troisième maxime, c'est que la récompense n'excède pas ce qu'il en a coûté à la communauté, quelque grand qu'ait été le profit que le conjoint en a retiré.

Cela s'entend assez ; si une réparation utile avait opéré une amélioration dont le produit excédât de beaucoup le montant des frais qu'elle aurait coûté, on ne devrait jamais que la valeur de ces frais.

Toutes ces règles ont aussi leur application dans le régime dotal ; s'il s'agit, par exemple, de savoir quelles sont les améliorations faites aux fonds dotaux, dont la femme ou ses héritiers doivent tenir compte au mari.

ARTICLE 1438.

Si le père et la mère ont doté conjointement l'enfant commun, sans exprimer la portion pour laquelle ils entendaient y contribuer, ils sont censés avoir doté chacun pour moitié, soit que la dot ait été fournie ou promise en effets de la communauté, soit qu'elle l'ait été en biens personnels à l'un des deux époux.

Au second cas, l'époux, dont l'immeuble ou l'effet personnel a été constitué en dot, a, sur les biens de l'autre, une action d'indemnité pour la moitié de ladite dot, eu égard à la valeur de l'effet donné au temps de la donation.

Les questions traitées dans cet article et les suivans, sont encore communes au régime dotal et à celui de la communauté.

Le père était obligé, chez les Romains, de doter ses enfans. *Leg. final. Cod. de dotis promiss. Leg.* 19, *ff. de rit. nupt. Leg.* 60, 69, §. 4, *ff. de jur. dot.* Cette obligation, qui passait en certain cas à la mère et même aux frères, avait subsisté jusqu'à présent, au moins à l'égard du père; mais le Code Civil, *art.* 204, a décidé que l'enfant n'avait plus d'action contre son père pour l'obliger à le doter. L'affaiblissement de la puissance paternelle, qui s'est opérée depuis la révolution; la privation qu'on a fait subir aux pères, des fruits des biens adventifs de leurs enfans, qu'ils avaient auparavant, nécessitaient cette réforme. Ainsi la maxime est uniforme aujourd'hui en France; le père, et la mère qui lui est assimilée aujourd'hui presqu'en tout, ne doivent à leurs enfans que des alimens; ils ne leur doivent point strictement de dot; ils ne leur donnent à ce titre que ce qu'ils trouvent bon, et qu'ils jugent conforme à leurs facultés.

L'obligation où étaient autrefois les pères en pays de droit écrit de doter leurs enfans, faisait encore qu'une dot constituée, même sur les biens paternels et maternels, dans un contrat où la mère se trouvait présente, ne devait se prendre que sur les biens paternels, si on n'avait pas spécifié la portion pour laquelle chacun des pères et mères y contribuerait. Henrys, *tom.* 1, *liv.* 4, *chap.* 2, *quest.* 4. Louet, *lett. C, somm.* 5, 28.

Cette maxime doit subir la même réforme que celle dont elle était la conséquence.

Dans l'état actuel, l'entretien et l'éducation des enfans sont regardés à la vérité comme une charge de la communauté, puisqu'elle doit s'acquitter sur les revenus des biens des conjoints, dont la communauté est composée.

Mais il n'en est pas de même de la dot des enfans, les parens ne sont point obligés de la donner ; elle est toujours volontaire de leur part : c'est plutôt une dette propre de chacun d'eux, qu'une dette de la communauté ; autrement le mari étant tenu seul des dettes de la communauté en cas de renonciation de la femme, devrait toute la dot qui aurait été constituée même conjointement.

Il ne peut y avoir de doutes que sur la quotité que chacun des pères et mères doit en supporter, lorsqu'ayant doté conjointement, on n'a pas spécifié quelle serait la portion pour laquelle chacun d'eux y contribuerait.

La loi dit donc ici que si le père et la mère ont doté conjointement l'enfant commun, sans exprimer la portion pour laquelle ils entendaient y contribuer, ils sont censés avoir doté chacun pour moitié, soit que la dot ait été constituée en effets de la communauté, ou qu'elle l'ait été en biens personnels des époux.

Dans le second cas, l'époux dont l'immeuble personnel a été donné en dot, ou qui l'a payée de ses deniers propres, a une récompense ou une action en indemnité pour la moitié de la dot, suivant la valeur de l'immeuble au temps de la donation, si c'est en immeuble qu'elle a été constituée.

ARTICLE 1439.

La dot constituée par le mari seul à l'enfant commun, en effets de la communauté, est à la charge de la communauté; et, dans le cas où la communauté est acceptée par la femme, celle-ci doit supporter la moitié de la dot, à moins que le mari n'ait déclaré expressément qu'il s'en chargeait pour le tout, ou pour une portion plus forte que la moitié.

Quoique la femme ne puisse être obligée, d'après ce que nous avons dit précédemment, de contribuer de ses biens propres à la dot des enfans communs, le mari peut cependant, sans avoir besoin de son consentement, l'y faire contribuer pour la part qu'elle a dans les effets de la communauté, qu'il donne en dot à un enfant commun; mais il faut que le mari ait eu intention de doter comme chef de la communauté, et non de ses biens personnels.

C'est une suite du domaine que le mari a sur les effets de la communauté, et du droit qu'il a d'en disposer, comme il l'entend bon. D'ailleurs, d'après l'article 1422 ci-dessus, il peut disposer des biens de la communauté par voie de donation pour l'établissement des enfans communs : il ne le peut plus pour des tiers.

La femme venant à accepter la communauté, doit donc supporter la moitié de la dot.

Elle ne doit rien si elle renonce. Pothier, *tom. 2, part. 4, chap. 1, sect 2, art. 5, n° 648 et suiv.* 656.

Il n'en était pas de même autrefois, lorsque les époux avaient doté conjointement ; la femme, quoique renonçant à la communauté, devait la moitié de la dot, à moins qu'elle n'eût dit dans l'acte de mariage qu'elle n'entendait doter que sur la portion qui lui aviendrait dans la communauté ; cette déclaration est aujourd'hui toujours sous-entendue.

Les époux peuvent encore par des clauses particulières se charger l'un et l'autre de la totalité de la dotation, ou l'un d'eux y contribuer pour une plus forte somme que l'autre. Toutes ces conventions, n'ayant rien d'illicite, doivent être exécutées : celui qui a le moins donné doit alors récompense à l'autre.

Si l'on avait spécifié dans l'acte de dotation les sommes ou les choses pour lesquelles chacun des époux entend contribuer à la dot, leur obligation ne s'étendrait pas au delà de la valeur effective de cette somme ou de cette chose. (*Journal du Palais, tome 1, p.* 825.)

Si ces valeurs avaient été tirées de la communauté, l'époux qui aurait pris l'engagement en devrait récompense. Pothier, *pag.* 196.

Mais lorsque la dot constituée par le père et la mère se trouve composée d'effets tirés de la communauté, et d'autres effets propres à l'un et à l'autre, sans qu'on ait exprimé la portion pour laquelle chacun contribue à la dot, la question est plus embarrassante.

Chacun alors est censé avoir voulu doter pour la moitié, et si l'un a excédé sa portion, l'autre lui doit récompenser.

La dot ainsi des constituée conjointement consiste en

7

un effet propre à un seul, l'autre lui doit récompense de la moitié.

Si la constitution est d'une somme non encore payée, la femme en doit la moitié. Louet, *lett. R, som.* 54.

ARTICLE 1440.

La garantie de la dot est due par toute personne qui l'a constituée, et ses intérêts courent du jour du mariage, encore qu'il y ait terme pour le paiement, s'il n'y a stipulation contraire.

Lorsque l'un des père et mère, ou toute autre personne, s'est rendu caution ou garant de la dot constituée, il la doit en entier, en cas que la personne obligée ne soit pas exacte à s'acquitter.

La loi règle ensuite l'époque de laquelle courent les intérêts de la dot.

Autrefois les intérêts de la dot promise en argent, et pour laquelle on avait donné terme, ne couraient que du jour de l'échéance, à moins qu'il n'y eût stipulation contraire. La règle est inverse aujourd'hui : la dot constituée même avec terme porte intérêt du jour du mariage, à moins qu'il n'y ait stipulation contraire.

Ceci concerne le régime dotal tout autant que celui de la communauté, ci-dessous, *art.* 1547, 1548.

SECTION III.

De la Dissolution de la Communauté, et de quelques-unes de ses suites.

ARTICLE 1441.

La communauté se dissout, 1° par la mort naturelle ; 2° par la mort civile ;

3º par le divorce ; 4º par la séparation de
corps ; 5º par la séparation de biens.

La loi, après avoir indiqué dans les articles précé-
cédens, comment la communauté se forme, les biens
dont elle se compose, la manière dont elle est administrée, traite ici des causes de sa dissolution.

Ces causes sont les mêmes qu'autrefois, à l'exception du divorce, qui est une institution récente parmi
nous.

La dissolution qui s'opère par la mort civile ne
pourra avoir lieu jusqu'à ce que le code criminel ait
déterminé les peines qui doivent emporter la mort civile. Jusqu'à présent il n'y a que la condamnation à la
mort naturelle, suivie d'exécution, qui emporte la mort
civile. *Code Civil, art.* 23.

La mort civile se trouve ainsi confondue avec la mort
naturelle.

Il n'y aurait que le cas de la condamnation à la peine
de mort par contumace, qui, opérant après les cinq
ans la mort civile, entraînerait la dissolution de la
communauté.

Mais la condamnation à la réclusion, aux fers ou
aux galères, ne produirait pas cet effet.

Il resterait à l'époux innocent l'expédient de demander le divorce ou la séparation de corps pour cause déterminée, ce qui opèrerait la dissolution de la communauté.

ARTICLE 1442.

Le défaut d'inventaire, après la mort
naturelle ou civile de l'un des époux, ne
donne pas lieu à la continuation de la communauté, sauf les poursuites des parties

intéressées, relativement à la consistance des biens et effets communs, dont la preuve pourra être faite tant par titre que par la commune renommée.

S'il y a des enfans mineurs, le défaut d'inventaire fait perdre en outre, à l'époux survivant, la jouissance de leurs revenus; et le subrogé tuteur, qui ne l'a point obligé à faire inventaire , est solidairement tenu avec lui de toutes les condamnations qui peuvent être prononcées au profit des mineurs.

Quoique régulièrement la communauté, ainsi que toutes les sociétés, doive être dissoute par la mort d'un des conjoints; cependant, d'après quelques coutumes, et notamment celle de Paris, lorsqu'il y avait des enfans mineurs du mariage au jour du décès d'un des conjoints, si le survivant ne faisait point d'inventaire des biens de la communauté, tant meubles qu'immeubles, la communauté continuait entre lui et tous les enfans du mariage, si bon leur semblait. *Coutume de Paris, art.* 240.

La coutume avait établi cette peine contre le survivant, afin de l'obliger de faire un inventaire pour la compensation des biens des mineurs, qui ne pouvaient pas veiller à leurs intérêts, et qui, la plupart du temps, n'avaient pas d'autre tuteur que leur père ou leur mère.

Mais cette continuation de communauté causait une infinité d'embarras , et donnait lieu à des difficultés très-épineuses, lorsque sur-tout le conjoint survivant venait à se remarier.

On l'a donc supprimée par cet article : on laisse aux parties intéressées le soin de constater, par tous les moyens de droit, la consistance des biens et effets communs, lorsque le survivant n'aura pas fait d'inventaire. Cette preuve peut se faire non seulement par écrit, mais encore par témoins, qui apprécieront cette consistance, soit d'après la connaissance particulière qu'ils en auront, soit même d'après l'opinion commune.

Lorsqu'il y a des mineurs, le survivant qui néglige de faire l'inventaire des effets de la communauté, perd la jouissance non seulement de la portion de la communauté appartenant aux enfans, mais encore des fruits de leurs autres biens que lui donnait le code civil au titre de la puissance paternelle.

Il répond encore des dommages et intérêts que les enfans peuvent souffrir par cette omission, et le subrogé tuteur qui n'aura pas requis l'inventaire, partage cette responsabilité avec le conjoint survivant.

La coutume de Paris ne disait point dans quel temps l'inventaire, pour empêcher la continuation de communauté, devait être fait : elle voulait seulement qu'il fût clos dans les trois mois après la confection. La plus commune opinion était qu'on devait procéder aussi à l'inventaire dans le délai de trois mois.

Le Code Civil ne s'explique pas davantage là dessus; ce qui indique qu'on est toujours à temps de procéder à l'inventaire, du moins jusqu'à ce qu'il y ait un jugement de déchéance. Les enfans ont la faculté de réclamer contre les omissions qui auraient été faites dans l'inventaire. S'il y avait sur-tout un recélé frauduleux, l'inventaire serait comme non avenu; et les peines prononcées pour les cas où il n'a pas existé, devraient avoir lieu. C'était la règle ancienne : un inventaire frauduleux et illégal n'empêchait pas la continuation de communauté.

ARTICLE 1443.

La séparation de biens ne peut être poursuivie qu'en justice par la femme dont la dot est mise en péril, et lorsque le désordre des affaires du mari donne lieu de craindre que les biens de celui-ci ne soient point suffisans pour remplir les droits et reprises de la femme.

Toute séparation volontaire est nulle.

Personne n'ignore qu'il y a deux espèces de séparations entre époux, qui sont maintenues par le Code Civil : l'une est la séparation de corps, et l'autre la séparation de biens.

La séparation de corps, qui est un diminutif du divorce, entraine toujours la séparation de biens, et par conséquent la dissolution de la communauté. *Code Civil, art.* 306 ; mais la simple séparation de biens n'entraine pas la séparation de corps ; elle opère cependant aussi la dissolution de la communauté, puisque les biens et les intérêts des époux se divisant, il n'y a plus rien de commun à cet égard entre eux.

Dans le régime dotal, la séparation de bien rend à la femme l'administration de ses biens, que le contrat de mariage déférait au mari. Nous ne rappellerons point ici les formes nécessaires pour opérer la séparation de corps, elles sont assez détaillées dans la loi sur le divorce : elle ne peut avoir lieu que dans les mêmes cas et pour les mêmes causes que le divorce qu'elle remplace.

La loi ne parle ici que de la simple séparation de

biens, dont la loi du 26 ventose relative au mariage, n'indiquait pas les formes.

Les règles prescrites dans cet article et les suivans sont les mêmes que l'on observait autrefois.

Il est nécessaire d'observer que la séparation de biens est conventionnelle ou judiciaire. La première est celle qui est stipulée dans le contrat de mariage : il en sera question plus bas. La seconde est celle qui est ordonnée, en justice, et c'est sur celle-là que la loi dispose ici. Les effets en sont les mêmes.

La séparation judiciaire a lieu lorsque les dissipations du mari ou les accidens qui lui sont arrivés mettent la dot de la femme en danger ou l'exposent aux poursuites des créanciers. *Leg.* 24, *ff. solut. matrim.*

Pour que la séparation puisse avoir lieu, il n'est pas nécessaire que le mari soit totalement insolvable; ce serait en ce cas un remède inutile pour la femme. Il suffit qu'il commence à le devenir, et qu'on ait à craindre qu'il le devienne de plus en plus.

Le danger où est la dot de la femme étant la cause la plus ordinaire de la séparation des biens, il semble qu'on devrait en conclure que cette séparation est inutile, quand la femme n'a pas apporté de dot.

Cependant, si une femme avait une industrie ou une profession particulière, dont le produit tombât dans la communauté ou dans la jouissance du mari, ce produit profiterait à ses créanciers; la femme pourrait en ce cas demander la séparation, dont l'effet serait de laisser à son administration les gains et les profits qu'elle ferait par son industrie.

Des Jurisconsultes avaient mis en question si un mari pourrait demander la séparation contre sa femme, la négative avait prévalu. *Voyez* Denisart, *de la séparation.*

On dit à la fin de cet article que toute séparation volontaire est nulle.

Une séparation en effet ne peut se faire du consentement mutuel des parties; il faut qu'elle soit ordonnée par une sentence du juge en connaissance de cause. Molinæus, *in consuet. Paris. tit* 1, §. 5 , *gloss. in se marier, n*° 13, *et tit* 10. §. 110, *n*° 4. Cochin, *tom.* 5, *pag.* 703.

C'est la une suite du principe que toutes les conventions du mariage sont irrévocables, et qu'on ne peut les changer pendant sa durée. Les époux, en consentant des séparations volontaires, auraient un moyen d'éluder la loi qui leur défend de se faire des avantages indirects. Car, dans une communauté où l'un des époux a un plus grand revenu que l'autre, et qui profite à la communauté, celui-ci lui ferait un grand avantage en renonçant à cette communauté, ou en en opérant la dissolution par une séparation convenue.

D'un autre côté, les créanciers qui y auraient intérêt, pourraient contester une séparation non régulière, faite à leur préjudice.

La séparation faite volontairement était cependant quelquefois exécutée pour les époux ou leurs héritiers. *Journ. des aud. tom.* 7, *supplém. pag.* 18, 63.

Ainsi, lorsque la femme demande la séparation, il faut qu'elle justifie par titres ou par témoins le délabrement des affaires de son mari. Quand celui-ci n'en convient pas, il lui est libre de faire la preuve contraire.

L'effet de la séparation de biens est de dissoudre la communauté. La femme doit même presque toujours y renoncer, puisque le désordre des affaires du mari, étant la cause de la séparation, elle n'a pas d'intérêt à accepter en pareil cas la communauté : elle ne peut donc exiger ni inventaire, ni partage : elle se borne à reprendre ce qu'elle a mis dans la communauté quand le contrat le lui permet, ou ce qu'elle a apporté en dot.

La séparation de biens emporte la dissolution de la communauté, tant pour le passé que pour l'avenir.

ARTICLE 1444.

La séparation de biens, quoique prononcée en justice, est nulle si elle n'a point été exécutée par le paiement réel des droits et reprises de la femme, effectué par acte authentique, jusqu'à concurrence des biens du mari, ou au moins par des poursuites commencées dans la quinzaine qui a suivi le jugement, et non interrompues depuis.

Lorsque la femme a obtenu sentence de séparation contre son mari, elle est obligée d'en poursuivre l'exécution dans la quinzaine; autrement elle serait comme non avenue, si la femme, au lieu de reprendre ce qui lui appartient, continuait d'en laisser la jouissance à son mari. Les créanciers pourraient faire saisir alors les revenus de la femme entre ses mains, tout comme s'il n'y avait pas eu de séparation. Il n'y a qu'un paiement réel et effectif, prouvé par acte authentique, qui puisse arrêter leurs exécutions.

Si l'acte de paiement a éprouvé des retards, il faut qu'on justifie de poursuites non interrompues.

ARTICLE 1445.

Toute séparation de biens doit, avant son exécution, être rendue publique par l'affiche sur un tableau à ce destiné, dans la principale salle du tribunal de première instance; et de plus, si le mari est marchand, banquier ou commerçant, dans celle du tribunal de commerce du lieu de son domicile, et ce à peine de nullité de l'exécution.

Le jugement qui prononce la séparation de biens remonte, quant à ses effets, au jour de la demande.

Il y avait des coutumes qui ne se contentaient pas que la sentence de séparation eût été exécutée pour avoir son effet : elles voulaient de plus qu'elle eût été publiée en jugement.

Le présent article substitue à cette forme la publication par une affiche dans la principale salle du tribunal de première instance.

Lorsque le mari est marchand, négociant ou banquier, la séparation doit être aussi affichée dans la salle d'audience du tribunal de commerce de son domicile.

On avait long-temps douté, dans l'ancienne jurisprudence, si la sentence de séparation devait avoir un effet rétroactif au jour de la demande, c'est-à-dire, si les acquisitions faites par la femme depuis cette époque devaient tomber dans la communauté ou non.

L'usage du Châtelet était de donner aux sentences de séparation un effet rétroactif, et la fin de cet article confirme cette opinion.

ARTICLE 1446.

Les créanciers personnels de la femme ne peuvent, sans son consentement, demander la séparation de biens.

Néanmoins, en cas de faillite ou de déconfiture du mari, ils peuvent exercer les droits de leur débitrice, jusqu'à concurrence du montant de leurs créances.

La loi prohibe ici aux créanciers personnels de la femme de demander sans son consentement la séparation de biens ; c'est-à-dire que, dans le cas ou cette séparation peut être admise, les créanciers personnels de la femme ne peuvent la demander eux-mêmes, à moins que la femme n'y consente

Une femme, en demandant la séparation, n'a pour objet que de mettre les revenus de sa portion de la communauté ou ceux de ses biens dotaux à couvert des poursuites des créanciers de son mari. Tant que le mari est maître de la communauté et jouit des propres de la femme, les créanciers personnels de la femme, soit antérieurs, soit postérieurs au mariage, ne peuvent saisir sa portion de la communauté. Si la femme faisait cesser la jouissance du mari, ce ne serait donc que pour l'intérêt de ses créanciers et non pour les siens : elle n'en aurait donc aucun à poursuivre cette séparation.

On peut induire de cet article que les fruits des biens, soit de la communauté, soit propres ou dotaux de la femme, qui ne peuvent être saisis tant que le mari en jouit, cesseraient d'avoir ce privilége, quand la séparation serait prononcée ; car la jouissance passerait alors du mari à la femme.

Cependant, comme on le verra plus bas, la séparation ne change point la destination des biens de la communauté ou des biens dotaux ; ils restent toujours soumis à l'entretien de la famille ; l'administrateur seulement à changé. Il semble donc que tant que le mariage subsiste, les créanciers antérieurs à la séparation ne devraient avoir aucune action sur les revenus des biens propres de la femme.

La loi ajoute qu'en cas de faillite ou de déconfiture du mari, les créanciers de la femme peuvent exercer les droits de leur débitrice jusqu'à concurrence du montant de leurs créances.

La faillite et la déconfiture opèrent de droit la séparation de biens; et les poursuites des créanciers ne sauraient avoir lieu qu'autant que la femme négligerait d'en faire.

ARTICLE 1447.

Les créanciers du mari peuvent se pourvoir contre la séparation de biens prononcée, et même exécutée en fraude de leurs droits : ils peuvent même intervenir dans l'instance sur la demande en séparation pour la contester.

Les créanciers du mari ne peuvent en règle empêcher la séparation de la femme, quand elle est fondée sur des motifs légitimes. Ils n'auraient droit de s'en plaindre qu'autant qu'on lui aurait adjugé plus qu'il ne ne lui serait dû, ou que cette séparation leur occasionnerait quelque préjudice.

C'est pour prévenir toute réclamation de leur part qu'on est en usage de les appeler en totalité ou en partie dans l'instance en séparation. Ils ont droit d'y intervenir d'office, si on ne les y appelle pas, ou pour la contester, ou du moins pour empêcher qu'on ne donne aux droits de la femme une extension préjudiciable à leurs intérêts. Si la sentence de séparation avait été rendue sans qu'ils eussent été ouïs ou appelés, ils auraient droit d'y former opposition.

ARTICLE 1448.

La femme qui a obtenu la séparation de biens doit contribuer, proportionnellement à ses facultés et à celles du mari, tant aux frais du ménage, qu'à ceux de l'éducation des enfans communs.

Elle doit supporter entièrement ces frais, s'il ne reste rien au mari.

La séparation ne change donc pas, comme nous le remarquions tout à l'heure, la destination des revenus de la femme; elle ne fait que les mettre en sûreté et les dérober aux poursuites des créanciers du mari. La femme reste toujours obligée de contribuer, proportionnellement à ses facultés et à celles du mari, tant aux frais du ménage qu'à l'entretien et à l'éducation des enfans communs.

S'il ne reste rien même au mari, tous ces frais sont à la charge de la femme. *Leg.* 29, *cod. de jur. dot.* D'où il semble qu'on peut conclure que les revenus de la femme sont à l'abri des poursuites de ses créanciers personnels, comme ils l'étaient pendant la jouissance du mari, et comme ils le sont dans les cas où les créanciers ne peuvent exécuter que la nue propriété.

ARTICLE 1449.

La femme séparée, soit de corps et de biens, soit de biens seulement, en reprend la libre administration.

Elle peut disposer de son mobilier, et l'aliéner.

Elle ne peut aliéner ses immeubles sans le consentement du mari, ou sans être autorisée en justice à son refus.

La femme séparée de biens demeure autorisée par justice à la poursuite de ses droits : elle a la libre administration de ses biens indépendamment de son mari; ce qui ne s'entend néanmoins que de la jouissance de ses revenus, de la poursuite de ses droits en justice, et du droit de disposer de son mobilier.

Elle ne peut cependant, ni s'obliger, ni aliéner ses immeubles, sans être autorisée de son mari, à moins qu'il n'y en eût une cause très-urgente et très-nécessaire, auquel cas la justice la peut autoriser en connaissance de cause, au refus de son mari, suivant la forme prescrite par les art. 217 et suiv. du Code Civil. *Voyez* Cochin, *tom.* 6, *pag.* 2 *et suiv.*

ARTICLE 1450.

Le mari n'est point garant du défaut d'emploi ou de remploi du prix de l'immeuble que la femme séparée a aliéné sous l'autorisation de la justice, à moins qu'il n'ait concouru au contrat, ou qu'il ne soit prouvé que les deniers ont été reçus par lui, ou ont tourné à son profit.

Il est garant du défaut d'emploi ou de remploi, si la vente a été faite en sa présence et de son consentement; il ne l'est point de l'utilité de cet emploi.

Tant que la communauté dure, ou qu'en vertu de la constitution dotale le mari jouit des biens de sa femme, les aliénations faites par elle avec l'autorisation du mari sont censés avoir tourné au profit du mari, à moins qu'il n'y ait preuve contraire. Le mari est obligé d'en faire le remploi, ou la femme peut en demander récompense, lors de la dissolution de la communauté, ainsi que nous l'avons dit plus haut.

La règle est différente en cas de séparation, et, lorsque la femme a été autorisée par justice à faire l'aliénation, le mari n'est garant du défaut d'emploi, ou n'est soumis au remploi qu'autant qu'il a concouru au contrat, ou qu'il est prouvé que les deniers ont été reçus par lui, ou ont tourné à son profit. Il n'y a plus de présomption légale; il faut une preuve.

S'il a concouru au contrat, ou s'il y a consenti, il répond seulement du défaut d'emploi ou de remploi; mais il ne répond plus de son utilité; de manière que si l'emploi ou le remploi n'ont pas été utiles ou faits à propos, la femme n'a aucune indemnité à prétendre contre son mari.

Elle est obligée de prendre l'effet acquis du prix du fonds aliéné, tel qu'il est.

ARTICLE 1451.

La communauté dissoute par la séparation soit de corps et de biens, soit de biens seulement, peut être établie du consentement des deux parties.

Elle ne peut l'être que par un acte passé par-devant notaire et avec minute, dont une expédition doit être affichée dans la forme de l'article 1445.

En ce cas, la communauté rétablie reprend son effet du jour du mariage; les choses sont remises au même état que s'il n'y avait point eu de séparation, sans préjudice néanmoins de l'exécution des actes qui, dans cet intervalle, ont pu être faits par la femme, en conformité de l'art. 1449.

Toute convention par laquelle les époux rétabliraient leur communauté sous des conditions différentes de celles qui la réglaient antérieurement est nulle.

On voit par cet article que les époux qui se sont séparés de corps et de biens, ou de biens seulement, ont la liberté de se réunir de nouveau, et de se remettre dans le même état qu'ils étaient auparavant. Pour faire cesser la séparation de corps, il suffit que les époux se remettent ensemble. Il n'en est pas de même de la séparation de biens. S'ils rentrent en communauté, ou si les biens propres ou dotaux reviennent dans la jouissance ou sous l'administration du mari, il faut que ce soit par un acte public et authentique.

La raison de la différence est que le rétablissement de la communauté, après une séparation de biens, n'est pas un fait notoire, comme l'est le retour d'une femme dans la maison de son mari. Il faut donc qu'il y ait une preuve légale et authentique. Louet *et* Brodeau, *lett. S, somm.* 16.

Ainsi, quand même la femme, après la séparation exécutée, aurait laissé l'administration de ses revenus à son mari durant un long espace de temps, cela ne suffirait pas pour en induire un retour à la communauté. On suppose en ce cas que le mari a agi comme procureur de sa femme, et non comme associé.

Dans le cas du rétablissement de la communauté, elle

reprend son effet du jour du mariage ; mais c'est sans préjudice des actes intermédiaires qui auraient pu être faits pendant la séparation par l'un ou l'autre des époux. Ainsi, les baux à loyer et autres actes d'administration faits par la femme doivent subsister, bien qu'ils n'eussent pas été valables, s'il n'y avait pas eu de séparation.

Les effets acquis par l'un ou l'autre, et qui sont de nature à entrer dans la communauté, doivent en faire partie, ainsi que les dettes contractées.

Mais dans tout cela on doit se régler d'après les conventio de la première communauté : on ne peut y déroger d'aucune manière d'après les raisons que nous avons rappelées plus haut.

ARTICLE 1452.

La dissolution de communauté, opérée par le divorce ou par la séparation, soit de corps et de biens, soit de biens seulement, ne donne pas ouverture aux droits de survie de la femme ; mais celle-ci conserve la faculté de les exercer lors de la mort naturelle ou civile de son mari.

Lorsque, par le contrat de mariage, on a stipulé quelque droit de survie en faveur de la femme, il ne peut être exigé qu'en cas de mort naturelle ou civile du mari. La dissolution de la communauté par le divorce, la séparation de corps, ou simplement de biens, n'y donne pas ouverture. On s'en tient à la lettre du contrat, qui fixe cette ouverture au cas de survie.

Il était d'usage autrefois, lors de la séparation, d'assigner une quotité de biens pour assurer le droit de survie à la femme, si le mari prédécédait.

8

La femme est obligée d'attendre l'événement ; et elle ne peut rien réclamer jusqu'à la mort du mari.

L'hypothèque pour son droit de survie date toujours de l'époque du mariage.

SECTION IV.

De l'Acceptation de la Communauté, et de la Renonciation qui peut y être faite, avec les Conditions, qui y sont relatives.

ARTICLE 1453.

Après la dissolution de la communauté, la femme, ou ses héritiers ou ayans cause, ont la faculté de l'accepter et d'y renoncer : toute convention contraire est nulle.

La dissolution de la communauté produit cet effet, de priver le mari du domaine ou de la propriété qu'il avait des biens dont elle est composée. Cette propriété se réduit à la moitié ; la moitié restante appartenant à la femme ou à ses héritiers. Le mari, de maître qu'il était, n'est plus alors qu'associé.

Mais la femme ou ses héritiers, pour acquérir la moitié des biens de la communauté que la loi leur adjuge, sont obligés d'en faire l'acceptation. Cette acceptation seule les investit de leur droit, ou du moins leur en donne le plein exercice.

La femme ou ses héritiers ont la liberté de renoncer à la communauté ; et cette renonciation leur devient très-utile, lorsque la communauté est chargée de beaucoup de dettes, puisque, par là, la femme est non seulement déchargée de l'obligation d'y contribuer, mais qu'elle peut reprendre, franc et quitte de toute charge, ce qu'elle a apporté dans la communauté, si elle s'en est réservé le droit dans son contrat de mariage. *Voyez* ci-dessous *art.* 1514.

La femme n'avait pas dans le principe le droit de renoncer à la communauté, et de se soustraire par là à l'obligation de contribuer à l'acquittement des dettes dont elle était chargée. Cette renonciation paraissait contraire aux principes du droit, qui obligent tous ceux qui sont membres d'une société d'en supporter les charges, comme ils participent aux profits.

Ce fut, à ce qu'on assure, à l'époque des croisades que l'on commença à permetre aux femmes de renoncer à la communauté, parce qu'elles ne pouvaient avoir connaissance des dettes que leurs maris avaient été exposés à contracter dans ces expéditions lointaines.

Ce privilége n'était même accordé qu'aux femmes des nobles; et, quand elles voulaient en user, elles mettaient la clef de la maison sur la fosse, en signe de l'abandon qu'elles faisaient des biens de la communauté. Loiseau, *du déguerpiss. liv.* 4, *chap.* 2.

Dans l'ancienne coutume de Paris, qui fut rédigée en 1510, il n'y avait encore que les femmes nobles, qui eussent la faculté de renoncer à la communauté.

Ce ne fut qu'en 1580, dans la nouvelle rédaction, qu'on fit de cette coutume, que le bénéfice de la renonciation fut accordé à toutes les femmes sans distinction. (Art. 237.) On y ajouta même l'article qui porte que le mari ne peut pas obliger sa femme sans son consentement, plus avant que jusqu'à concurrence de ce qu'elle ou ses héritiers amendent ou prennent dans la communauté. *Coutum. de Paris, art.* 228.

La renonciation est de droit commun; et les maximes à cet égard se sont tellement affermies, que la femme ne pourrait se dépouiller de ce droit par une convention formelle : c'est la disposition du présent article, qui est en cela conforme à la jurisprudence ancienne la plus suivie.

On n'a pas voulu laisser au mari le pouvoir d'engager les propres de sa femme, en contractant des dettes considérables pendant la durée de la communauté ; et c'est ce qui serait arrivé, si la femme avait pu se dépouiller du droit de renoncer à la communauté. Poth. *de la comm. tom.* 2, *part.* 3, *chap.* 2, *art.* 2 , §. 2, *n°* 551.

Quoique la coutume de Paris ne se fût point expliquée à l'égard des héritiers de la femme, ils jouissaient comme elle du droit de renoncer.

Cette coutume ne parlait même que du cas de la dissolution par mort ; mais le droit de renoncer s'exerçait dans tous ceux où la dissolution de la communauté pouvait avoir lieu du vivant du mari.

La loi actuelle, qui parle de la dissolution en général, s'applique à tous les cas.

Le mari, comme nous l'avons déjà observé plusieurs fois, n'a pas le même droit que la femme de renoncer à la communauté, et de se décharger ainsi des dettes qu'il a lui-même contractées.

Par la renonciation de la femme, tous les biens de la communauté restent au mari ; mais aussi toutes les dettes sont à sa charge. Il n'y a pas d'injustice à cela, puisque c'est lui qui les a contractées.

ARTICLE 1454.

La femme qui s'est immiscée dans les biens de la communauté, ne peut y renoncer.

Les actes purement administratifs ou conservatoires n'emportent point immixtion.

L'acceptation de la communauté se fait comme celle d'une succession, ou expressément ou tacitement, en prenant possession des biens ou en s'y immisçant, pour parler le langage du droit.

Cette immixtion cependant ici, comme dans le cas de la succession, ne suppose point l'acceptation, quand les actes qui en sont la suite sont purement administratifs ou conservatoires. *Code Civil, art.* 778 *et suiv.*

Pour supposer l'acceptation, il faut que le fait dont on l'induit suppose la volonté d'accepter ; car cette acceptation est plus encore dans l'intention que dans le fait. *Leg.* 88, *ff. de acquir. haered.*

On agitait autrefois la question de savoir si une femme qui recevait une somme d'argent pour renoncer à la communauté, faisait par là un acte d'acceptation. On décidait pour la négative. Il faut tenir l'opinion contraire aujourd'hui, puisque le Code Civil décide que le cohéritier qui renonce à son droit moyennant une somme d'argent, fait par là acte d'héritier. *Art.* 780.

Il y aurait encore moins de doute si la femme, au lieu de renoncer au moyen d'une certaine somme, cédait son droit pour le même motif ; car, pour céder un droit, il faut en être en possession.

Une femme ne pourrait point, en fraude de ses créanciers, renoncer à une communauté avantageuse. Ils seraient reçus à l'accepter à sa place, comme cela a encore lieu dans le cas de la succession.

ARTICLE 1455.

La femme majeure qui a pris, dans un acte, la qualité de commune, ne peut plus y renoncer ni se faire restituer contre cette qualité, quand même elle l'aurait prise avant d'avoir fait inventaire, s'il n'y a eu dol de la part des héritiers du mari.

La femme mineure qui a accepté imprudemment une communauté onéreuse peut demander d'être restituée envers son acceptation. Mais il n'en est pas de même de la femme majeure : lorsqu'une fois elle a pris dans un acte la qualité de commune, elle ne peut plus se faire restituer contre cette qualité, quelque préjudiciable que son acceptation lui soit.

Quoique la loi ne semble parler ici que du cas où il y aurait une acceptation expresse faite par un acte public ou privé, il est certain, d'après l'article précédent, que la règle est la même pour le cas de l'acceptation tacite.

Si cependant la femme avait la preuve de quelque supercherie employée par les héritiers du mari pour l'engager à faire cette acceptation, comme si on avait supposé des titres de créance, ou caché des dettes, la femme même majeure pourrait en ce cas demander la restitution, et c'est ce qu'a voulu dire la fin de l'article. Voyez l'*art.* 783 *du Code Civil.*

La femme qui aurait pris la qualité de commune ne pourrait plus renoncer à la communauté, ni être restituée envers cette qualité, quand même elle l'aurait prise avant d'avoir fait l'inventaire.

Car le délai, pour faire inventaire, lui est donné pour avoir les moyens de connaître l'état de la communauté et le temps de réfléchir sur ce qu'elle a à faire.

Si elle anticipe sur ce délai en prenant la qualité de commune, ou en s'immisçant dans la communauté, la formalité de l'inventaire devient inutile, au moins pour conserver le droit de renoncer.

ARTICLE 1456.

La femme survivante qui veut conserver la faculté de renoncer à la communauté, doit, dans les trois mois du jour du décès du mari, faire faire un inventaire fidèle et exact de tous les biens de la communauté, contradictoirement avec les héritiers du mari, ou eux duement appelés.

Cet inventaire doit être par elle affirmé sincère et véritable, lors de sa clôture, devant l'officier public qui l'a reçu.

Lorsque la dissolution de la communauté avait lieu par le prédécès du mari, les anciennes coutumes exigeaient que la femme survivante, pour être admise à renoncer à la communauté, fît un bon et loyal inventaire. *Coutum. de Paris, art.* 257, d'où cet article a été pris.

La femme, par le prédécès de son mari, se trouvait en possession de tous les effets de la communauté ; il fallait donc qu'elle justifiât par un inventaire, soit aux héritiers, soit aux créanciers de son mari, qu'elle ne retenait rien des effets de la communauté, en y renonçant.

Aussi cet inventaire n'est-il point nécessaire, lorsque la dissolution de la communauté a lieu du vivant du mari, parce qu'alors c'est lui, et non la femme, qui se trouve en possession des biens de la communauté.

Cet inventaire doit être fait, contradictoirement avec les héritiers ou eux duement appelés, dans les trois mois, à compter du jour du décès du mari. C'est la même délai qui est donné à l'héritier qui veut accepter par bénéfice d'inventaire.

La femme doit affirmer l'inventaire sincère et véritable, lors de sa clôture, devant l'officier public qui l'a reçu.

La femme n'est pas dispensée de faire inventaire, sous prétexte que son mari n'a rien laissé à sa mort : elle doit en justifier par des procès-verbaux de carence.

Les frais d'inventaire sont supportés par la succession, en cas de renonciation, comme dans le cas du bénéfice d'inventaire. *Code Civil, art.* 810.

ARTICLE 1457.

Dans les trois mois, et quarante jours après le décès du mari, elle doit faire sa renonciation au greffe du tribunal de première instance, dans l'arrondissement duquel le mari avait son domicile ; cet acte doit être inscrit sur le registre établi pour recevoir les renonciations à succession.

Les coutumes variaient beaucoup sur les formes de la renonciation et sur les délais dans lequels elle devait être faite. Il y en avait qui voulaient qu'elle fût faite en jugement, en personne ou par procureur ; d'autres admettaient celle qui était faite par-devant notaire. Il y avait anciennement des formalités particulières qui devaient accompagner la renonciation. Quelques coutumes ne donnaient que quarante jours à la femme pour renoncer, à compter du jour qu'elle avait su la mort de son mari ; d'autres ne limitaient point de temps ; la femme pouvait renoncer quand bon lui semblait, pourvu qu'elle ne se fût point immiscée dans les biens de la communauté sans faire inventaire. Ricard, *sur Paris,* art. 237. Pothier, *de la comm. part.* 3, *chap.* 2, art. 2, §. 3, *n° 552 et suiv.*

Cet article prescrit un délai et des formalités uniformes. Ce délai est le même que celui qui est accordé à l'héritier pour savoir s'il acceptera ou renoncera à la succession, ou s'il la prendra par bénéfice d'inventaire. Les formalités sont également les mêmes. Ces choses en effet se ressemblent beaucoup. *Code Civil,* art. 795.

ARTICLE 1458.

La veuve peut, suivant les circonstances, demander au tribunal civil une prorogation du délai prescrit par l'article précédent pour sa renonciation ; cette prorogation est, s'il y a lieu, prononcée contradictoirement avec les héritiers du mari, ou eux duement appelés.

L'héritier qui veut accepter, par le bénéfice de la loi, et qui ne s'est pas prononcé dans le délai qu'elle lui assigne, peut aussi en demander un nouveau. *Code Civil, art.* 798.

De même la veuve qui n'a pas fait sa renonciation dans le délai qui lui est assigné, peut demander que le délai soit prorogé; mais cette prorogation doit être prononcée contradictoirement avec les héritiers du mari, ou eux duement appelés.

On tenait autrefois que la femme qui se serait retirée de la maison de son mari, incontinent après son décès, et qui aurait tout laissé entre les mains des héritiers, ne serait pas déchue du bénéfice de la renonciation, pour n'avoir fait inventaire dans le délai de la loi. En effet, la femme n'est pas obligée de demeurer gardienne des biens de la communauté : elle n'est tenue de faire inventaire que quand elle demeure en possession des biens de la communauté. (*Régl. du droit franç. liv.* 4, *ch.* 1, *art.* 48.)

Cette règle semble bien équitable, on verra sur l'article suivant jusqu'à quel point elle peut être suivie aujourd'hui.

ARTICLE 1459.

La veuve qui n'a point fait sa renonciation dans le délai ci-dessus prescrit, n'est pas déchue de la faculté de renoncer, si elle ne s'est point immiscée, et qu'elle ait fait inventaire ; elle peut seulement être poursuivie comme commune, jusqu'à ce qu'elle ait renoncé, et elle doit les frais faits contre elle jusqu'à sa renonciation.

Elle peut également être poursuivie après l'expiration des quarante jours, depuis la clôture de l'inventaire, s'il a été clos avant les trois mois.

On voit par là que la femme qui n'a pas renoncé dans les délais que lui donne la loi, ou que les tribunaux ont prorogés, n'est pas pour cela privée de la faculté de renoncer, pourvu qu'elle ne se soit point immiscée et qu'elle ait fait inventaire.

Elle était traitée plus favorablement autrefois ; car, pour l'admettre à renoncer, même hors des délais, on n'exigeait point qu'elle eût fait inventaire, mais seulement qu'elle ne se fût point immiscée dans les biens de la communauté. Ce sont les règles que l'on suit aujourd'hui à l'égard de l'héritier par bénéfice d'inventaire, qui conserve, après tous les délais, le droit de faire inventaire et de se porter héritier bénéficiaire, s'il n'existe pas contre lui de jugement passé en force de chose jugée, qui le condamne en qualité d'héritier pur et simple. *Code Civil, art.* 800.

Quoique la femme puisse encore renoncer, après les délais, sous les conditions dont nous venons de parler, cela n'empêche que les créanciers de la communauté, dont les poursuites sont suspendues pendant les délais de la loi, et ceux qu'y ajoutent les tribunaux, n'aient le droit, après qu'ils sont expirés, de poursuivre la femme comme commune jusqu'à ce qu'elle ait fait une renonciation expresse.

Dans ce cas elle doit les frais qui ont été faits contre elle jusqu'à sa renonciation. Ces poursuites peuvent même commencer à l'expiration des quarante jours qui lui sont donnés pour délibérer, depuis la clôture de l'inventaire, à moins qu'il n'y ait une prorogation.

La femme qui aurait été déclarée commune et condamnée comme telle à l'égard d'un créancier de la communauté, pourrait faire valoir sa renonciation à l'égard des autres créanciers qui n'auraient point été parties dans le procès dans lequel le jugement serait intervenu.

. Il en est de même de l'héritier qui, faute de s'être expliqué, aurait été condamné à la poursuite d'un ou de plusieurs créanciers.

Toutes les règles établies à l'égard de la femme, reçoivent leur application à ses héritiers.

ARTICLE 1460.

La veuve qui a diverti ou recélé quelques effets de la communauté est déclarée commune, nonobstant sa renonciation, il en est de même à l'égard de ses héritiers.

La loi n'accorde à la femme le droit de renoncer à la communauté, qu'autant qu'elle ne s'est point immiscée dans les biens qui la composent, sans avoir fait un inventaire exact et fidèle; à défaut elle est déchue de son droit: à plus forte raison doit-elle en être privée, si elle a détourné des effets de la communauté, et ne les a point compris dans l'inventaire. Ce divertissement des effets de la succession est un délit qu'on appelle recélé, et dont l'effet est de priver la femme qui s'en rend coupable, du droit de renoncer à la communauté, et de l'obliger indéfiniment au paiement de la moitié des dettes : elle ne peut, outre cela, réclamer la part qu'elle auroit eue dans les choses recélées.

Cette règle s'observe aussi à l'égard des héritiers qui auraient recélé des effets d'une succession; ils sont privés du droit d'y renoncer. *Code Civil, art.* 792, 801. *Journal des audienc. arrêt du* 15 *mai* 1656.

On distinguait autrefois le cas où la femme avait commis le recélé avant sa renonciation, et celui où elle l'avait commis après. Dans le premier cas, on se contentait de lui faire rapporter les choses qu'elle avait soustraites, et de la condamner aux dommages et intérêts. Louet et Brodeau, *lettr. R, somm.* 1.

Il est peut-être nécessaire de rappeler ici que les héritiers du mari ne peuvent pas poursuivre extraordinairement, c'est-à-dire, par la voie criminelle, la veuve pour raison du recélé qu'elle a commis. Ils doivent se pourvoir par action civile, à cause de l'honneur du mariage qu'elle avait contracté avec celui auquel ils succèdent. Louet et Brodeau, *lett. R, somm.* 1, *et lett. H, somm.* 24.

Cela vient des législateurs Romains qui réputaient

odieux d'accuser de vol la veuve, qui peu auparavant était maîtresse de la chose qu'on l'accusait de s'être appropriée. Ils avaient donc imaginé, pour qualifier la soustraction faite par la veuve, un terme moins dur que celui de vol. *Tit. ff. de action. rer. amotar.* Nous avons adopté dans notre langue celui de recélé.

L'on permettait quelquefois aux héritiers de commencer les poursuites par la voie criminelle, parce qu'il pouvait s'y trouver des complices, à l'égard desquels on n'était pas aussi indulgent qu'à celui de la femme. Vouglans, *instit. crim. part.* 2, *chap.* 5, §. 2, *et traité des crimes, tit.* 5. L'action, quant à celle-ci, était toujours civile.

La concubine n'avait pas le même privilége que la femme légitime; l'action en vol avait lieu contre elle. *Leg.* 17, *ff. de action. rer. amot.*

On ne suppose au reste qu'il y a recélé, qu'autant que la soustraction a été faite par fraude et à dessein de s'approprier ce qui était de la communauté. *Poth. de la comm. tom.* 2, *part.* 4, *chap.* 2, *art.* 1, §. 3.

ARTICLE 1461.

Si la veuve meurt avant l'expiration des trois mois, sans avoir fait ou terminé l'inventaire, les héritiers auront, pour faire ou pour terminer l'inventaire, un nouveau délai de trois mois, à compter du décès de la veuve, et de quarante jours pour délibérer, après la clôture de l'inventaire.

Si la veuve meurt ayant terminé l'inventaire, ses héritiers auront, pour délibérer, un nouveau délai de quarante jours à compter de son décès.

Ils peuvent, au surplus, renoncer à la communauté dans les formes établies ci-dessus, et les articles 1458 et 1459 leur sont applicables.

Toutes les règles relatives à la renonciation que la femme est en droit de faire à la communauté, s'appliquent à ses héritiers, lorsque c'est la femme qui a prédécédé, ou qu'ayant survécu, elle est morte dans les délais que la loi lui accordait pour renoncer.

ARTICLE 1462.

Les dispositions des articles 1456 et suiv. sont applicables aux femmes des individus morts civilement, à partir du moment où la mort civile a commencé.

Que la communauté cesse par la mort naturelle ou par la mort civile du mari, les règles, quant à la renonciation de la femme, sont les mêmes; mais les délais ne courent que du jour où la mort civile est consommée. Ainsi, pendant les cinq ans de la contumace, à l'expiration desquels la mort civile est seulement encourue, la communauté subsiste; mais si les biens du mari condamné sont mis en séquestre, *quid juris ?*

ARTICLE 1463.

La femme divorcée, ou séparée de corps, qui n'a point dans les trois mois, et quarante jours, après le divorce ou la séparation définitivement prononcée, accepté la communauté, est censée y avoir renoncé, à moins qu'étant encore dans le délai elle n'en ait obtenu la prorogation en justice, contradictoirement avec le mari, ou lui duement appelé.

La loi est plus rigoureuse dans le cas de la dissolution de la communauté pour cause de divorce, que pour celle qui a lieu par mort naturelle et civile. Dans les premiers cas, la renonciation est présumée aussitôt que les délais accordés par la loi, ou prorogés par les tribunaux, sont expirés.

Nous avons vu plus haut que dans l'autre cas, il n'y a de renonciation que lorsque la femme a été poursuivie et condamnée, même hors des délais, comme commune par un jugement ayant force de chose jugée.

A R T I C L E 1464.

Les créanciers de la femme peuvent attaquer la renonciation qui aurait été faite par elle, ou par ses héritiers, en fraude de leur créance, et accepter la communauté de leur chef.

La loi donne ici aux créanciers, en fraude desquels la femme aurait renoncé à la communauté, le droit d'attaquer sa renonciation, ou celle faite par ses héritiers en fraude de leurs créances, et de l'accepter de leur chef.

Le Code Civil donne un droit pareil aux créanciers d'un héritier qui aurait renoncé à une succession pour les frauder de leur créance. *Art.* 788.

En matière de communauté, la faveur des créanciers s'étend dans le cas inverse, c'est-à-dire à celui où la femme aurait accepté en fraude de ses créanciers, pour décharger les héritiers de son mari de la reprise de son apport, stipulée par le contrat de mariage en cas de renonciation à la communauté. Les créanciers de la femme peuvent en ce cas se pourvoir contre les héritiers du mari, pour faire déclarer nulle et frauduleuse l'acceptation de la femme, et être admis à exercer en son lieu et place la reprise stipulée.

ARTICLE 1465.

La veuve, soit qu'elle accepte, soit qu'elle renonce, a droit, pendant les trois mois et quarante jours qui lui sont accordés pour faire inventaire et délibérer, de prendre sa nourriture et celle de ses domestiques sur les provisions existantes, et, à défaut, par emprunt au compte de la masse commune, à la charge d'en user modérément.

Elle ne doit aucun loyer à raison de l'habitation qu'elle a pu faire pendant ces délais dans une maison dépendant de la communauté, ou appartenant aux héritiers du mari ; et, si la maison qu'habitaient les époux à l'époque de la dissolution de la communauté était tenue par eux à titre de loyer, la femme ne contribuera point, pendant les mêmes délais, au paiement dudit loyer, lequel sera pris sur la masse.

Les droits que la loi donne ici à la femme, lui ont appartenu de tous les temps. Ils sont fondés sur des considérations de justice et d'humanité : tant que l'on ignore si la femme accepte ou renonce, le partage de la communauté n'est point effectuée, elle est censée exister, et la femme doit vivre à ses frais comme auparavant.

Ce même droit lui serait conservé si les délais qui lui sont donnés par la loi étaient prorogés par les tribunaux qui en ont le droit, comme nous l'avons vu plus haut.

ARTICLE 1466.

Dans le cas de dissolution de la communauté, par la mort de la femme, ses héritiers peuvent renoncer à la communauté dans les délais et dans les formes que la loi prescrit à la femme survivante.

Nous avons déjà dit que toutes les régles établies à l'égard de la femme, relativement à l'acceptation et à la renonciation à la communauté, s'appliquent à ses héritiers. Nous avons vu même que la loi leur accorde une prorogation de délai, lorsque la femme est décédée, pendant la durée de celui que la loi lui donne pour faire sa renonciation.

SECTION V.

Du Partage de la Communauté après l'acceptation.

ARTICLE 1467.

Après l'acceptation de la communauté par la femme ou ses héritiers, l'actif se partage, et le passif est supporté de la manière ci-après déterminée.

Lorsque la femme ou ses héritiers acceptent la communauté, il ne reste plus qu'à s'occuper du partage, et ce partage se fait d'après les règles qui vont être établies dans les articles suivans.

§. I.

Du Partage de l'Actif.

ARTICLE 1468.

Les époux ou leurs héritiers rapportent à la masse des biens existans, tout ce dont ils sont débiteurs envers la communauté, à titre de récompense ou d'indemnité, d'après les règles ci-dessus prescrites, sect. II du présent titre.

On en use à l'égard de la communauté comme pour les successions, ou avant de procéder au partage entre les cohéritiers, il faut que chacun d'eux rapporte à la succession ce dont il a été avantagé plus que les autres.

En fait de communauté, on regarde comme avantages sujets à rapport tous les profits particuliers et personnels, qu'un des conjoints a retirés des biens de la communauté. On trouve la plupart de ces cas spécifiés dans la section II de cette loi, à laquelle le présent article renvoie. *Voyez* entre autres l'art. 1437 ci-dessus : on va entrer dans des détails à ce sujet.

ARTICLE 1469.

Chaque époux, ou son héritier, rapporte également les sommes qui ont été tirées de la communauté, ou la valeur des biens que l'époux y a pris pour doter un enfant d'un autre lit, ou pour doter personnellement l'enfant commun.

Lorsqu'un homme a, durant la communauté, doté des biens de cette communauté, un enfant qu'il avait d'un précédent mariage, il n'est pas douteux qu'il doit récompense à la communauté du montant de cette dot ; car, d'après l'art. 1422, il ne peut disposer entre-vifs, à titre gratuit, des immeubles de la communauté, ni de l'universalité, ou d'une quotité du mobilier, si ce n'est pour l'établissement des enfans communs.

De même lorsque la femme, avec le consentement du mari, a doté des biens de la communauté un enfant qu'elle a d'un précédent mariage, elle doit récompense à la communauté du montant de cette dot, soit qu'elle accepte la communauté, soit qu'elle y renonce.

La même obligation de la part des époux existe lorsqu'ils ont pris sur les fonds de la communauté de quoi doter personnellement un enfant commun, et que leur intention n'a point été que cette dot fût supportée également par tous les deux, ainsi que nous l'avons expliqué ci-dessus, art. 1438, 1439.

Dans tous ces cas, pour que la femme profite des rapports faits à la communauté, il faut qu'elle l'accepte ; car si elle y renonçait, toutes les dettes se trouvant à la charge du mari, il se ferait en sa personne une confusion des dettes et des créances ; tout lui deviendrait propre.

La femme même, en renonçant à la communauté, reste toujours redevable envers elle des indemnités ou des récompenses qu'elle doit à raison des profits particuliers qu'elle en a retirés ; telles seraient les augmentations ou réparations foncières faites à ses propres, etc., et ses dettes personnelles qui auraient été acquittées des fonds de la communauté, etc.

Il en est de même pour le régime dotal ; la femme, en répétant sa dot, doit les impenses et améliorations faites à ses biens dotaux , ainsi que la valeur des dettes payées à sa décharge.

ARTICLE 1470.

Sur la masse des biens , chaque époux ou son héritier prélève,

1° Ses biens personnels qui ne sont point entrés en communauté, s'ils existent en nature, ou ceux qui ont été acquis en remploi ;

2° Le prix de ses immeubles qui ont été aliénés pendant la communauté, et dont il n'a point été fait remploi ;

3° Les indemnités qui lui sont dues par la communauté.

Avant de procéder au partage de la communauté, il faut auparavant en retirer les biens propres et personnels des époux qui n'étaient point entrés dans la communauté, ou qui en avaient été exclus.

Ainsi, au premier rang des effets que la loi permet aux conjoints de prélever, se trouvent leurs biens immeubles, qui n'étaient point entrés dans la communauté, ou dont les revenus seuls en faisaient partie, comme nous avons dit ci-dessus.

Ces biens, ne pouvant entrer dans le partage, doivent être prélevés par celui à qui ils appartiennent.

Cette règle s'applique naturellement aux biens acquis en remploi des propres aliénés.

S'il n'a pas été fait de remploi des propres aliénés, le prix, s'il a été versé dans la communauté, doit être prélevé par celui à qui ils appartenaient. Art. 1433 ci-dessus.

Enfin, s'il est dû des indemnités à l'un des époux par la communauté, le prélèvement doit aussi avoir lieu.

Ces prélèvemens se faisant sur la masse de la communauté, sont supportés également par les conjoints, puisque leur portion sur les biens de la communauté en est diminuée d'autant.

ARTICLE 1471.

Les prélèvemens de la femme s'exercent avant ceux du mari.

Ils s'exercent pour les biens qui n'existent plus en nature, d'abord sur l'argent comptant, ensuite sur le mobilier, et subsidiairement sur les immeubles de la communauté : dans ce dernier cas, le choix des immeubles est déféré à la femme et à ses héritiers.

La loi accorde ici à la femme le privilége de faire ses prélèvemens avant ceux du mari ; et elle indique la gradation dans laquelle ils doivent être faits.

Ces prélèvemens n'étant en quelque sorte que des créances de la femme sur la communauté, elle aurait droit de les répéter, quand même elle renoncerait à la communauté : elle est en cela plutôt créancière que commune ; elle doit donc passer avant le mari, qui, en qualité de propriétaire de la communauté, est responsable de toutes ses dettes, en cas de renonciation de la femme, ou d'insuffisance de la portion de la communauté qu'elle a recueillie. Car nous verrons ci-après que la femme n'est pas tenue des dettes de la communauté au-delà de la portion qu'elle en reçoit.

ARTICLE 1472.

Le mari ne peut exercer ses reprises que sur les biens de la communauté.

La femme et ses héritiers, en cas d'insuffisance de la communauté, exercent leurs reprises sur les biens personnels du mari.

Cet article est une conséquence de ce qui a été dit sur le précédent. Le mari, en qualité de maître de la communauté, répond de tous les engagemens qu'il contracte en son nom. S'il a des reprises à faire, il ne peut les exercer que sur les biens de la communauté, mais il ne peut les porter sur les biens personnels de sa femme, qu'il n'a pu engager sans son consentement. Ce serait à lui seul qu'il aurait à s'en prendre, en cas d'insuffisance des biens de la communauté.

Il n'en est pas de même de la femme. Si les biens de la communauté ne suffisent pas pour la payer de ses reprises, elle peut les exercer sur les biens personnels de son mari ; car ces reprises étant une dette de la communauté, le mari s'en trouve responsable en cas d'insuffisance. Il doit rendre tout ce qu'il a reçu de sa femme : on prend à la vérité d'abord sur les fonds communs ; mais une fois qu'ils sont épuisés, sans que la femme soit entièrement payée, c'est au mari ou à ses héritiers à compléter le paiement.

Il en est dans ce cas comme de celui du régime dotal, où le mari est obligé de restituer la dot qu'il a reçue de sa femme ; car, au moyen de la renonciation que celle-ci fait à la communauté, elle est censée n'avoir jamais existé, et les époux sont réputés avoir vécu

sous le régime dotal, ou sont, si l'on veut, dans la même
position que s'ils avaient vécu sous ce dernier régime.
Journ. du Palais, tome 1, *p.* 797.

ARTICLE 1473.

Les remplois et les récompense dus par
la communauté aux époux, et les récompenses et indemnités par eux dues à la communauté, emportent les intérêts de plein
droit du jour de la dissolution de la communauté.

Toutes les fois qu'il y a lieu à récompense de la
part de la communauté envers les époux, ou que ceux-
ci doivent une indemnité à la communauté pour un
profit particulier qu'ils en ont retiré, les intérêts des
sommes dues courent de plein droit du jour de la dissolution de la communauté.

ARTICLE 1474.

Après que tous les prélèvemens des deux
époux ont été exécutés sur la masse, le
surplus se partage par moitié entre les époux
ou ceux qui les représentent.

Il est de la nature de tou`es les sociétés, que cha-
cune des parties qui a une par dans les biens communs,
ait le droit d'en demander le partage, lorsque la société
est dissoute.

Personne ne peut être obligé de rester dans l'indi-
vision. C'est une maxime triviale dans le droit, et que
le Code Civil énonce d'une manière positive, relativement aux successions; art. 1815 : elle trouve naurelle-
ment ici son application.

En général, il n'y a que les majeurs qui puissent provoquer un partage définitif d'un bien commun. Les partages faits par les mineurs ne sont que provisionnels, à moins qu'on n'y ait observé les formes prescrites par le Code Civil, art. 466 et art. 818, qui ne sont pas trop d'accord ensemble sur ce point.

Quoique la loi relative aux conventions matrimoniales ne semble pas faire de distinction entre les majeurs et les mineurs, cependant on ne peut guère douter que si l'un des époux était encore mineur lors du partage de la communauté, il serait obligé de suivre les formes auxquelles sont soumis les partages où les mineurs se trouvent intéressés. L'article 1476 ci-dessous le dit implicitement.

ARTICLE 1475.

Si les héritiers de la femme sont divisés, en sorte que l'un ait accepté la communauté à laquelle l'autre a renoncé, celui qui a accepté ne peut prendre que sa portion virile et héréditaire dans les biens qui échoient au lot de la femme.

Le surplus reste au mari, qui demeure chargé, envers l'héritier renonçant, des droits que la femme aurait pu exercer en cas de renonciation, mais jusqu'à concurrence seulement de la portion virile héréditaire du renonçant.

Lorsque la femme laisse plusieurs héritiers, le droit qu'elle a dans la communauté se divise, de même que tous les autres droits divisibles de la succession, entre ses héritiers, lesquels y succèdent chacun pour leur part héréditaire.

Cela est sans difficulté, quand tous les héritiers acceptent la communauté; mais si, de plusieurs héritiers, un seul accepte, cet acceptant aura-t-il la totalité de la portion de la femme, ou bien n'aura-t-il que celle qui lui avenait dans sa succession ? Cette question avait été long-temps indécise dans l'ancienne jurisprudence. Mais il avait été enfin décidé que le droit d'accroissement n'avait point lieu dans le partage de la communauté, de manière que si de plusieurs héritiers de la femme, les uns acceptaient la communauté, et les autres y renonçaient ; les acceptans n'avaient jamais que la portion qu'ils auraient eue, si leurs cohéritiers n'avaient pas renoncé. La portion de ceux-ci restait au mari : c'est l'opinion que le Code Civil a adoptée.

Mais le mari qui profite de la portion des héritiers de la femme, qui ont renoncé, est tenu envers eux des indemnités qui auraient été dues à la femme, en cas qu'elle eût survécu et qu'elle eût renoncé à la communauté; cette indemnité n'est due aux cohéritiers renonçans qu'à concurrence de leur portion virile dans la succession de la femme.

ARTICLE 1476.

Au surplus, le partage de la communauté pour tout ce qui concerne ses formes, la licitation des immeubles quand il y a lieu, les effets du partage, la garantie qui en résulte, et les soultes, sont soumis à toutes les règles qui sont établies au titre des *Successions* pour les partages entre cohéritiers.

L'on voit par cet article que les partages de la communauté sont soumis aux mêmes formes que ceux des successions, ainsi que nous l'avons déjà remarqué. Ces formes sont suffisamment détaillées dans les lois sur les successions, pour que nous pussions nous dispenser de les rappeler ici.

Notre objet d'ailleurs est d'expliquer ce qui est relatif aux conventions matrimoniales, et non ce qui y est étranger ou qui leur est commun avec d'autres matières.

ARTICLE 1477.

Celui des époux qui aurait diverti ou recelé quelques effets de la communauté est privé de sa portion dans lesdits effets.

Cet article se rapporte au 1461e ci-dessus, qui prononce des peines contre la femme qui a recelé des effets de la communauté, et qui rappelle encore l'article du Code Civil, contre les cohéritiers, qui ont recélé des effets communs. Nous renvoyons à ce que nous avons dit sur ce premier article.

ARTICLE 1478.

Après le partage consommé, si l'un des deux époux est créancier personnel de l'autre, comme lorsque le prix de son bien a été employé à payer une dette personnelle de l'autre époux, ou pour toute autre cause, il exerce cette créance sur la part qui est échue à celui-ci dans la communauté, ou sur ses biens personnels.

On voit que la loi distingue ici avec beaucoup de

raison les créances personnelles qu'un des époux aurait envers l'autre, de celles qui lui seraient dues par la communauté, et qui sont connues sous le nom de récompense ou d'indemnité.

La récompense se prend sur la masse de la communauté, de manière que les époux y contribuent chacun pour leur part, et qu'en réalité celui à qui la récompense est due, n'en reçoit jamais que la moitié, puisqu'elle diminue d'autant la masse de la communauté, à la moitié de laquelle il a droit.

Mais quand il s'agit d'une créance personnelle à l'un des époux, elle ne se prend plus sur la communauté, mais sur la portion de celui des époux qui en est débiteur, ou, en cas d'insuffisance, sur ses biens personnels, ou même indistinctement sur les uns et sur les autres. Car une fois la communauté partagée, la portion que chacun des époux en a eue, se confond dans ses biens personnels.

La loi indique ici un des cas les plus communs, où l'un des époux se trouve personnellement débiteur de l'autre; c'est celui où le prix d'un propre aliéné a été employé à payer une dette personnelle d'un des époux. Ce n'est plus une dette de la communauté, puisque le prix de ce fonds n'y a point été versé : la communauté n'en est donc pas responsable, mais seulement l'époux au profit particulier duquel le prix de ce propre a été employé.

ARTICLE 1479.

Les créances personnelles que les époux ont à exercer l'un contre l'autre, ne portent intérêt que du jour de la demande en justice.

On voit ici la différence qu'il y a en're les récompenses et les indemnités dues par la communauté, et les créances personnelles de l'un des époux envers l'autre; c'est que l'intérêt des premières court de droit du jour de la dissolution de la communauté, art. 1473 ci-dessus, tandis que celui des créances personnelles n'est dû que du jour de la demande en justice, comme des créances ordinaires.

Si cependant les époux avaient des conventions particulières sur le cours de cet intérêt, elles devraient être exécutées.

ARTICLE 1480.

Les donations que l'un des époux a pu faire à l'autre ne s'exécutent que sur la part du donateur dans la communauté, et sur ses biens personnels.

La donation particulière qu'un des époux a faite à l'autre n'est qu'une créance personnelle qu'il a contractée envers lui : elle ne doit donc s'exécuter que sur la part du donateur dans la communauté ou sur ses biens personnels. Si on prenait sur la masse de la communauté, la donation se trouverait réduite de moitié, puisque le donataire y contribuerait alors dans cette proportion : or, cela serait absurde.

ARTICLE 1481.

Le deuil de la femme est aux frais des héritiers du mari précédé.

La valeur de ce deuil est réglée selon la fortune du mari.

Il est dû même à la femme qui renonce à la communauté.

L'héritage du mari doit toujours fournir à la femme les habits de deuil. C'est, dit-on, aux frais du mari, que la femme le pleure. La valeur de ces habits qu'on doit payer en argent et non en nature, se réglait autrefois suivant les facultés et la qualité des personnes.

Le présent article porte qu'elle sera réglée seulement selon la fortune du mari.

Le deuil est dû à la femme même qui renonce à la communauté. D'ailleurs, c'est là une dette de la succession du mari, sous quelque régime que les époux aient vécu.

Le deuil est une dette privilégiée de la succession : car les frais des habits de deuil sont censés des frais funéraires ; on ne les donnait, dans le principe, à la femme que pour la mettre en état de paraître d'une manière décente aux funérailles de son mari. Louet et Brodeau, *lett. V, n°* 11. Lebrun, *de la communauté liv.* 2, *ch.* 3, *n°* 38. Or, les frais funéraires sont mis au rang des dettes privilégiées par la loi sur les hypothèques.

Lorsque c'est la femme qui est prédécédée, le mari n'est pas reçu à demander à ses héritiers les frais de son deuil. L'usage est constant, quoiqu'il soit difficile d'assigner les motifs de cette différence. On cite, pour la justifier, la loi 9, *ff. de his qui notant. infam.* qui porte, *uxores viri lugere non compelluntur.*

Mais les maris portent le deuil de leurs femmes, comme les femmes de leurs maris.

§. II.

Du Passif de la Communauté, et de la Contri-bution aux Dettes.

ARTICLE 1482.

Les dettes de la communauté sont pour

moitié à la charge de chacun des époux ou
de leurs héritiers ; les frais de scellé, inventaire, vente de mobilier, liquidation,
licitation au partage, font partie de ces
dettes.

De même que les héritiers d'une succession doivent
contribuer à ses dettes pour la part et portion qu'ils
recueillent, de même les époux qui partagent la communauté par moitié, doivent en supporter les dettes
dans cette proportion. Les frais de scellés, inven-
taires, etc., sont prélevés sur les fonds de la communauté, comme dans le cas de la succession.

Mais il y a sur cette contribution des règles particulières, relativement à la femme, comme on le verra
par les articles suivans.

ARTICLE 1483.

La femme n'est tenue des dettes de la
communauté, soit à l'égard du mari, soit
à l'égard des créanciers, que jusqu'à concurrence de son émolument, pourvu qu'il
y ait eu bon et fidèle inventaire, et en
rendant compte tant du contenu de cet inventaire, que de ce qui lui en est échu
par le partage.

Il est question ici d'une des prérogatives les plus
importantes, qui aient été accordées aux femmes, qui
sont mariées sous le régime de la communauté.

Nous avons déjà remarqué plusieurs fois que le mari,
en qualité de chef de la communauté pendant le mariage, avait le pouvoir d'en dissiper les biens et de les

charger de dettes, sans la participation de la femme, et sans qu'elle puisse l'empêcher.

Il était alors de la prévoyance et de la sagesse du législateur d'empêcher que le mari n'eût, par un tel moyen, la faculté d'engager les propres de la femme, et de les soumettre au paiement des dettes de la communauté, à la création desquelles elle n'avait pas concouru.

Deux moyens furent établis pour cela. Le premier est celui de la renonciation dont nous avons déjà parlé, et au moyen de laquelle la femme est déchargée de toute contribution aux dettes de la communauté.

Le second est celui par lequel la femme, en cas même d'acceptation de la communauté, ne peut être tenue de ses dettes que jusqu'à concurrence des biens qu'elle en a recueillis. C'est ce qui est très-bien exprimé dans l'article 228 de la coutume de Paris. « Le mari ne peut, « par contrat et obligation faite devant ou durant le « mariage, obliger sa femme sans son consentement, « plus avant que jusqu'à la concurrence de ce qu'elle « ou ses héritiers amendent de la communauté; pourvu « toutefois qu'après le décès de l'un des conjoints, soit « fait loyal l'inventaire, et qu'il n'y ait faute ni fraude « de la part de la femme ou de ses héritiers. »

L'article que nous examinons a été fait d'après ces principes.

Ce privilége accordé aux femmes est à peu près semblable à celui du bénéfice d'inventaire, qui est accordé à l'héritier, qui ne veut pas être tenu des dettes de la succession, au-delà de la valeur des biens qui la composent.

L'un et l'autre, pour jouir de ce privilége, doivent faire un bon et loyal inventaire, et rendre compte tant du contenu en cet inventaire, que de ce qui leur est échu par le partage de la communauté ou l'acceptation de la succession.

Par une suite de ce privilége accordé à la femme, lorsque ce qu'elle a eu des biens de la communauté ne suffit pas pour acquitter la moitié des dettes, les héritiers du mari sont chargés du surplus ; et si la femme avait payé pour sa part des dettes de la communauté, plus qu'elle n'en a reçu de bien, elle aurait recours pour l'excédant contre les héritiers du mari.

La femme peut donc repousser la demande intentée contre elle par les créanciers de la communauté, en offrant de leur rendre compte de ce qu'elle en a recueilli. Les créanciers qui ne sont pas entièrement payés, n'ont plus alors de recours que contre le mari.

Cela n'a lieu cependant que lorsque les dettes ont été contractées par le mari seul sans le concours de la femme ; car à l'égard des dettes qu'elle a contractées elle-même, soit qu'elle les ait contractées seule, soit qu'elle se soit obligée avec son mari, elle ne peut pas user de ce privilége envers les créanciers : elle est obligée de les payer, sauf son recours contre le mari ou ses héritiers. *Voyez* l'art. 1431 ci-dessus, et 1500 ci-après.

Le privilége qu'a la femme à l'égard des créanciers de la communauté, a lieu aussi pour les reprises qu'elle a à faire sur la communauté, et dont la communauté lui est débitrice. Si ces reprises excèdent la moitié de la communauté, qui lui appartient, elle a droit de répéter l'excédant contre son mari ou ses héritiers.

Le privilége accordé à la femme appartient aussi à ses héritiers.

On a déjà dit que la femme, pour pouvoir jouir du privilége qui lui est accordé par cet article, doit présenter aux créanciers de la communauté un bon et fidèle inventaire.

Cet inventaire doit être fait dans les mêmes formes que celui qui a lieu en cas de renonciation.

L'inventaire qui est nécessaire à l'égard des créanciers ne l'est pas à l'égard des héritiers du mari ; le partage qui a été fait de la communauté est suffisant pour constater la valeur de ce que la femme a recueilli.

Si quelques-uns des effets de la communauté que la femme a recueillis avaient péri par sa faute, elle en serait responsable envers les créanciers.

Elle leur doit un compte fidèle de ce qu'elle a reçu de la communauté, et de l'emploi qu'elle en a fait.

Si elle avait payé des créanciers, on devrait lui en tenir compte, pourvu qu'elle n'eût pas interverti l'ordre des inscriptions hypothécaires, et payé les plus récens au préjudice des plus anciens.

On suit à cet égard les mêmes règles que pour le compte que le Code Civil exigea de l'héritier par bénéfice d'inventaire. Art. 803.

ARTICLE 1484.

Le mari est tenu par la totalité des dettes de la communauté par lui contractées, sauf son recours contre la femme ou ses héritiers, pour la moitié desdites dettes.

Cet article ne fait que rappeler une maxime dont nous avons souvent fait mention, que le mari est tenu en totalité des dettes de la communauté qu'il a contractées. C'est contre lui principalement que les créanciers doivent diriger leurs poursuites.

Il a néanmoins un recours à exercer contre sa femme et ses héritiers pour contribuer à ces dettes, dans le cas où ils ont accepté la communauté, et sous les modifications dont nous avons déjà parlé.

ARTICLE 1485.

Il n'est tenu que pour moitié de celles personnelles à la femme, et qui étaient tombées à la charge de la communauté.

Le mari ne doit que la moitié des dettes personnelles et mobilières de la femme, qui étaient tombées à la charge de la communauté. Ces dettes, une fois entrées dans la communauté, lui deviennent propres, et c'est à elle à les acquitter; mais la femme renonçant à la communauté, le mari n'est pas chargé à son égard de la totalité des dettes qui étaient dans leur origine personnelles à la femme, comme il le serait à l'égard des autres créanciers. Il n'en doit que la moitié.

La femme est tenue de la moitié restante. *Voyez* le cas de l'art. 1439 ci-dessus.

Une fois que la femme s'est obligée en son propre nom, rien ne peut la dispenser d'acquitter son obligation.

ARTICLE 1486.

La femme peut être poursuivie pour la totalité des dettes qui procèdent de son chef, et étaient entrées dans la communauté, sauf son recours contre le mari ou son héritier pour la moitié desdites dettes.

Après la dissolution de la communauté, la femme, soit qu'elle l'accepte, soit qu'elle y renonce, continue d'être débitrice pour le total envers les créanciers des dettes, qui procèdent de son chef, et qui étaient en-

trées dans la communauté, c'est-à-dire de toutes celles
qu'elle a contractées elle-même, avant le mariage, et
de celles des successions qui lui sont échues.

Elle a seulement son recours contre le mari ou ses
héritiers, pour se faire rembourser la moitié de ce
qu'elle a payé.

A R T I C L E   1487.

La femme, même personnellement obligée pour une dette do. communauté , ne
peut être poursuivie que pour la moitié de
cette dette, à moins que l'obligation ne
soit solidaire.

Si pendant le mariage, la femme n'a pas contracté
seule, mais conjointement avec son mari, sans expression de solidarité, quoique le mari soit censé, en ce cas,
s'être obligé pour le total ; la femme n'est censée s'être
obligée que pour moitié, et n'est débitrice envers le
créancier que pour moitié. Il en serait autrement si elle
s'était obligée solidairement, elle devrait la totalité,
sauf son recours contre le mari ou ses héritiers. *Voyez*
l'art. 1431 ci-dessus.

A R T I C L E   1488.

La femme qui a payé une dette de la
communauté au-delà de sa moitié, n'a
point de répétition contre le créancier pour
l'excédant ; à moins que la quittance n'exprime que ce qu'elle a payé était pour sa
moitié.

On était en doute autrefois si, en vertu du privilége que la loi lui accorde, la femme avait non seulement une exception pour repousser les poursuites des créanciers de la communauté, lorsqu'elle aurait payé des dettes pour le montant des biens qu'elle aurait eus; mais si elle avait encore le droit de répéter d'un créancier ce qu'elle lui aurait payé par erreur au-delà de la valeur des biens qu'elle a reçus de la communauté; on distinguait si le paiement avait été fait au nom de la femme seulement, et si elle avait eu la précaution de faire énoncer dans la quittance, qu'elle payait pour la moitié dont elle était tenue.

En ce cas elle pouvait répéter ce qu'elle avait payé de surplus; car par là elle avait manifesté une intention bien expresse de ne payer qu'à concurrence de ce qu'elle avait reçu de la communauté. Voyez *la loi* 65, §. *final. ff. de condict. indeb.*

Mais si le paiement avait été fait par la femme sans la restriction dont on vient de parler, alors on supposait qu'en payant indéfiniment pour la communauté, elle pouvait avoir payé tant pour elle-même que pour son mari, et on ne lui accordait point de répétition contre le créancier, mais seulement un recours contre le mari, pour sa part de cette dette qu'il devait supporter.

On voit par le présent article que cette distinction est devenue une loi.

ARTICLE 1489.

Celui des deux époux qui, pour l'effet de l'hypothèque exercée sur l'immeuble à lui échu en partage, se trouve poursuivi pour la totalité d'une dette de communauté, a de droit son recours pour la moitié de cette dette contre l'autre époux ou ses héritiers.

Lorsqu'il est échu à un des époux dans le partage de la communauté un immeuble sur lequel une inscription hypothécaire avait été prise, si cet époux se trouve, en vertu de cette inscription, poursuivi pour la totalité de la dette inscrite, il a de droit son recours pour la moitié de cette dette contre l'autre époux et ses héritiers, soit qu'on ait négligé de s'expliquer au sujet de cette hypothèque dans le partage de la communauté, soit que l'ayant fait, celui qui s'était chargé d'acquitter la dette n'ait pas rempli son obligation. Les époux doivent se garantir mutuellement les lots qui leur sont échus en partageant la communauté, comme des cohéritiers se garantissent réciproquement les lots, qu'ils ont eus dans le partage de la succession.

On formait autrefois à ce sujet une difficulté qui peut renaître dans la jurisprudence nouvelle ; c'était de savoir si un créancier du mari, antérieur au mariage, pouvait former une hypothèque sur un conquêt de communauté.

Ceux qui tenaient pour l'affirmative se fondaient sur la propriété que le mari a des biens de la communauté pendant qu'elle existe, et qui autorise ses créanciers personnels à y former des hypothèques, comme sur tous les autres biens. Ils pensaient qu'une fois l'hypothèque acquise, elle ne pouvait être détruite par la dissolution de la communauté.

Dans l'opinion contraire, on disait que l'hypothèque ne pouvait avoir plus d'étendue que la propriété de celui dont elle dérivait, et qui en avait été le principe ; que par conséquent la propriété du mari se réduisant à la moitié des biens de la communauté, lorsqu'elle venait à se dissoudre, l'hypothèque devait se réduire à la portion du mari.

Les coutumes et les tribunaux étaient fort partagés là-dessus.

Le présent article, en ne parlant que de l'hypothèque provenant d'une dette de la communauté, semble se décider pour la dernière opinion.

Elle exclut par là les dettes personnelles aux époux, qui ne doivent être poursuivies que sur leurs biens personnels, ou sur la portion qu'ils ont eue dans la communauté.

ARTICLE 1490.

Les dispositions précédentes ne font point obstacle à ce que, par le partage, l'un ou l'autre des copartageans soit chargé de payer une quotité de dettes autre que la moitié, même de les acquitter entièrement.

Toutes les fois que l'un des copartageans a payé des dettes de la communauté au-delà de la portion dont il était tenu, il y a lieu au recours de celui qui a trop payé contre l'autre.

Il est permis aux époux, comme il l'est à des cohéritiers, de convenir que l'un d'entre eux sera chargé de payer une quotité de dettes autre que la moitié, même de les acquitter entièrement, en compensant cette charge par une portion plus considérable qu'on lui adjuge dans le partage.

Le conjoint qui a contracté une pareille obligation est garant vis-à-vis de l'autre de la négligence qu'il mettrait à la remplir.

La loi dit ensuite que lorsque l'un des copartageans a payé des dettes de la communauté au-delà de la portion dont il était tenu, il y a lieu au recours de celui qui a trop payé contre l'autre.

Quoique cela soit mis en règle générale, il y a cependant quelque différence, suivant qu'il s'agit du mari ou de la femme.

Le recours du mari contre la femme ne peut avoir lieu qu'en cas que celle-ci accepte la communauté; car, si elle y renonce, elle est déchargée de toutes les dettes de la communauté, qui restent à la charge du mari.

Mais le recours de la femme contre le mari a toujours lieu, soit qu'elle accepte, soit qu'elle renonce, si, après la dissolution de la communauté, elle en a payé quelque dette. Dans le premier cas, elle ne peut en répéter que la moitié : elle en répète la totalité dans le second.

Le mari ne peut former de répétition contre la femme que lorsqu'il a payé, ou qu'il est poursuivi par les créanciers.

La femme au contraire peut réclamer son indemnité toutes les fois qu'elle s'est obligée en son nom pour la communauté.

Le mari n'a pas d'hypothèque de son chef sur les biens de sa femme pour la portion concernant des dettes de la communauté qu'il a acquittées; il peut seulement faire valoir contre elle les droits du créancier, s'il s'y est fait subroger.

La femme au contraire a une hypothèque pour son indemnité, comme pour la restitution de ses biens dotaux.

Cette hypothèque remontait autrefois à l'époque de la célébration du mariage. Lebrun, *liv.* 3, *chap.* 2, *sect.* 2, *distinct.* 6, *journ. du Palais, tome* 1, *p.* 557.

Mais aujourd'hui cette hypothèque est réglée d'une autre manière.

La femme a encore hypothèque pour raison de sa dot et des conventions matrimoniales à compter du jour du mariage; mais, quant à celle de l'indemnité pour les dettes qu'elle a contractées avec son mari, et pour le remploi de ses propres aliénés, elle ne compte que du jour de l'obligation ou de la vente. *Code Civil, art.* 2135.

ARTICLE 1491.

Tout ce qui est dit ci-dessus à l'égard du mari ou de la femme, a lieu à l'égard des héritiers de l'un ou de l'autre, et ces héritiers exercent les mêmes droits, et sont soumis aux mêmes actions que le conjoint qu'ils représentent.

On répète encore ici que tout ce qui est dit à l'égard de la femme et du mari a lieu à l'égard des héritiers des uns ou des autres qui succèdent respectivement à leurs droits.

On verra cependant qu'il y a certains cas où les droits des héritiers ne sont pas les mêmes que ceux des personnes à qui ils succèdent.

SECTION VI.

De la Renonciation à la Communauté, et de ses effets.

ARTICLE 1492.

La femme qui renonce perd toute espèce de droit sur les biens de la communauté, et même sur le mobilier qui y est entré de son chef.

Elle retire seulement les linge et hardes à son usage.

La loi a déjà parlé précédemment de la renonciation à la communauté, de sa forme et de quelques-uns de ses effets : elle va entrer dans de plus grands détails sur ce dernier objet.

On traitait autrefois avec d'autant plus de rigueur la femme qui renonçoit à la communauté, que c'était une grace qu'on lui faisait, et dont elle n'a joui que tard, ainsi que nous l'avons dit ci-dessus.

Non seulement, par cette renonciation, la femme perdait toute espèce de droits sur les biens de la communauté, mais encore elle était obligée d'abandonner tout le mobilier qui y était entré de son chef; et, si on lui permettait d'emporter avec elle un habillement, c'était à cause de l'indécence qu'il y aurait eu à l'obliger de sortir toute nue de la maison de son mari.

La plupart des coutumes contenaient des dispositions sur la nature de l'habillement qu'on l'autorisait à emporter. La plupart voulaient qu'elle ne pût prendre que le plus mauvais ; les plus indulgentes lui permettaient d'en prendre un qui ne fût ni le meilleur, ni le plus mauvais.

Le Code Civil est plus généreux à l'égard des femmes qui renoncent à la communauté : il leur permet de retirer le linge et les hardes à leur usage; mais c'est là tout; elles ne pourraient emporter ni les bijoux, ni les autres effets précieux qu'elles auraient eus, même antérieurement au mariage.

C'est au reste la règle qu'on suit quand il n'y a pas de stipulation contraire. Car la femme peut stipuler qu'elle reprendra, en cas de renonciation, tout ce qu'elle aura apporté dans la communauté; et on néglige rarement d'insérer aujourh'ui cette stipulation dans les contrats de mariage, comme on le dira plus bas.

Nous avons vu ci-dessus (art. 1465) que la femme qui renonce a droit, pendant qu'elle délibère, de vivre aux dépens de la communauté, dans la maison qu'occupait son mari.

Nous avons également parlé ailleurs des récompenses dues à la femme en cas de renonciation.

<h3 style="text-align:center">ARTICLE 1493.</h3>

La femme renonçante a le droit de reprendre,

1º Les immeubles à elles appartenant lorsqu'ils existent en nature, ou l'immeuble qui a été acquis en remploi;

2º Le prix de ses immeubles aliénés dont le remploi n'a pas été fait et accepté comme il est dit ci-dessus;

3º Toutes les indemnités qui peuvent lui être dues par la communauté.

Ce n'est ici qu'une répétition de ce qui a été dit, article 1469 où l'on parle des prélèvemens que les époux ont droit de faire sur les biens de la communauté.

Ce prélèvement a lieu en faveur de la femme, lors même qu'elle y renonce, puisque, comme on doit s'en appercevoir, le prélèvement ordonné par cet article ne porte que sur des biens qui ne faisaient pas partie de la communauté.

Il en est de ce cas comme de celui des biens dotaux qui doivent être restitués à la femme après la dissolution du mariage, quand ils n'ont pas été aliénés dans les cas où cette aliénation est permise; et toujours la femme a-t-elle une indemnité à prétendre, quand cette aliénation a tourné au profit du mari.

Lorsque la femme renonce à la communauté, et qu'il n'y a pas d'ailleurs clause de séparation de bien, le régime de la communauté se change en régime dotal. Nous aurons occasion de rappeler encore cette observation.

ARTICLE 1494.

La femme renonçante est déchargée de toute contribution aux dettes de la communauté, tant à l'égard du mari qu'à l'égard des créanciers. Elle reste néanmoins tenue envers ceux-ci lorsqu'elle s'est obligée conjointement avec son mari, ou lorsque la dette, devenue dette de la communauté, provenait originairement de son chef; le tout sauf son recours contre le mari ou ses héritiers.

Le principal effet de la renonciation à la communauté est de décharger la femme et ses héritiers de toute contribution au dettes de cette communauté.

Ils en sont déchargés même envers les créanciers, lorsque la femme n'était pas obligée en son nom.

Si cependant la dette de la communauté procédait originairement de son chef, ou qu'elle s'y fût obligée en son propre nom, ayant été partie dans le contrat avec son mari, qui l'aurait autorisée, la femme et ses héritiers, nonobstant la renonciation, en seraient tenus envers les créanciers; mais ils auraient toujours une indemnité à prétendre contre le mari, d'après les principes rappelés ci-dessus.

Mais, toutes les dettes auxquelles la femme n'est pas obligée à son nom ne sauraient lui être demandées, quand même elles procéderaient des fournitures faites au mari, ou quand même elle aurait arrêté les comptes, pourvu qu'elle ne fût obligée personnellement à les acquitter, *Journ. des Audiences, tome* 5, liv. 10, *chap.* 5.

La femme qui renonce ne doit point aussi les frais d'inventaire : ils sont à la charge du mari.

A R T I C L E   1495.

Elle peut exercer toutes les actions et reprises ci-dessus détaillées, tant sur les biens de la communauté que sur les biens personnels du mari.

Ses héritiers le peuvent de même, sauf en ce qui concerne le prélèvement des linge et hardes, ainsi que le logement et la nourriture pendant le délai donné pour faire inventaire et délibérer ; lesquels droits sont purement personnels à la femme survivante.

Le mari restant seul le maître des biens de la communauté par la renonciation de la femme, ces biens se confondent avec les siens propres ; ainsi, la femme, à raison des prélèvemens qu'elle a à faire, ou des indemnités qu'elle est en droit de prétendre, peut exercer ses poursuites, tant sur les biens de la communauté que sur ceux du mari, qui ne sont plus qu'une seule et même chose.

Le même droit appartient à ses héritiers. Il en est un cependant qui est personnel à la femme ; c'est celui relatif au prélèvement des linges et hardes, ainsi qu'au logement et à la nourriture pendant le délai donné à la femme pour délibérer. Si elle a négligé ses droits à l'égard de ces deux choses, ses héritiers n'ont rien à y prétendre.

DISPOSITION relative à la Communauté légale, lorsque l'un des Époux ou tous deux ont des Enfans de précédens mariages.

ARTICLE 1496.

Tout ce qui est dit ci-dessus sera observé même lorsque l'un des époux ou tous deux auront des enfans de précédens mariages.

Si toutefois la confusion du mobilier et des dettes opérait, au profit de l'un des époux, un avantage supérieur à celui qui est autorisé par l'art. 1098 au titre *des Donations entre-vifs et des Testamens*, les enfans du premier lit de l'autre époux auront l'action en retranchement.

Tout ce qui a été dit précédemment doit s'exécuter dans un second ou subséquent mariage, comme dans un premier. La seconde partie de l'article a eu en vue d'obvier à l'abus qu'on pourrait faire de la communauté pour frauder la disposition de l'article 1098 de la loi sur les donations et testamens, qui défend aux père et mère qui se remarient et qui ont des enfans d'un précédent mariage, de donner à leur nouveau conjoint une portion plus forte de leurs biens que celle qui avient au moins prenant des enfans du premier lit, et sans que, dans aucun cas, ces donations puissent excéder le quart de leurs biens.

Cette fraude pourrait se faire de deux manières, si la femme mettait dans la communauté un mobilier qui excédât la valeur de la portion du moins prenant, ou le quart de son bien, ou si le mari se chargeait des dettes mobilières de sa femme au-delà de cette valeur ou de cette quantité. Les enfans du premier auraient l'action en retranchement. *Voyez* les motifs qui portent que les époux ne peuvent se donner au-delà de la portion disponible. Mais cette portion disponible est sans doute celle de l'article 1094 de la loi du 13 floréal, et non celle dont il est question dans l'article 913.

La fraude pourrait encore avoir lieu si la femme renonçait à une communauté avantageuse pour favoriser les enfans du second lit. Ceux du premier lit pourraient revenir sur cette renonciation pour tout ce qui excéderait la portion disponible de l'article 913.

DEUXIÈME PARTIE.

De la Communauté conventionnelle, et des Conventions qui peuvent modifier ou même exclure la Communauté légale.

ARTICLE 1497.

Les époux peuvent modifier la communauté légale par toute espèce de conventions non contraires aux art. 1387, 1388, 1389 et 1390.

Les principales modifications sont celles qui ont lieu en stipulant de l'une ou de l'autre des manières qui suivent ; savoir,

1° Que la communauté n'embrassera que les acquêts ;

2º Que le mobilier présent ou futur n'entrera point en communauté, ou n'y entrera que pour une partie ;

3º Qu'on y comprendra tout ou partie des immeubles présens ou tuteurs, par la voie de l'ameublissement ;

4º Que les époux paieront séparément leurs dettes antérieures au mariage ;

5º Qu'en cas de renonciation, la femme pourra reprendre ses apports francs et quittes ;

6º Que le survivant aura un préciput ;

7º Que les époux auront des parts inégales ;

8º Qu'il y aura entre eux communauté à titre universel.

Nous avons déjà observé, en commençant ce commentaire, que dans l'ancienne jurisprudence coutumière, on connaissait comme aujourd'hui la distinction de la communauté légale et de la communauté conventionnelle. Mais celle-ci, en portant le même nom que celle d'à présent, n'est plus la même chose.

La communauté n'était anciennement légale, c'est-à-dire, établie par la seule autorité de la loi que dans quelques coutumes, à Paris par exemple. Dans d'autres, et c'était le plus grand nombre, elle n'avait lieu qu'autant qu'elle était établie par les conventions des parties. Aussi, lorsque, par leur contrat de mariage, elles disaient simplement qu'il y aurait entre elles communauté de biens, sans s'expliquer d'avantage, cette communauté conventionnelle n'était plus différente de la communauté légale, et elle était régie par la coutume du lieu où le mari avait son domicile, lorsqu'il s'était marié. Il n'en est plus de même aujourd'hui. La communauté forme le droit public de toute la France : elle existe par cela seul qu'on ne l'a pas exclue, et que les parties n'ont pas déclaré vouloir se soumettre à un autre régime.

Elle ne s'établit donc plus nulle part par les conventions des parties. On peut seulement par ces conventions l'exclure ; si on l'exclut, il n'y a plus de communauté, ni légale ni conventionnelle. Si au contraire, sans l'exclure, on en modifie les règles générales que nous avons exposées ci-dessus, et qui la régissent à défaut de stipulations particulières, c'est alors ce qu'on appelle la communauté conventionnelle, qui n'est pas celle qui est établie par des conventions, mais qui en est seulement modifiée.

Cet article indique les principales modifications qu'on peut apporter aux règles générales de la communauté. Elles n'excluent pas, comme on le verra plus bas, les autres que les parties jugeraient à propos d'y faire, pourvu qu'elles n'aient rien de contraire aux bonnes mœurs et aux lois prohibitives du Code Civil, ainsi que nous l'avons dit plus haut.

SECTION PREMIÈRE.

De la Communauté réduite aux Acquêts.

ARTICLE 1498.

Lorsque les époux stipulent qu'il n'y aura entre eux qu'une communauté d'acquêts, ils sont censés exclure de la communauté, et les dettes de chacun d'eux actuelles et futures, et leur mobilier respectif présent et futur.

En ce cas, et après que chacun des époux a prélevé ses apports duement justifiés, le partage se borne aux acquêts faits par les époux ensemble ou séparément durant le mariage, et provenant tant de l'industrie commune que des économies faites sur les fruits et revenus des biens des deux époux.

La première modification que la loi suppose que les époux peuvent apporter par leurs conventions aux règles générales de la communauté, est de la réduire aux simples acquêts, c'est-à-dire, aux acquisitions provenant tant de l'industrie commune que des économies faites sur les fruits et revenus des biens des deux époux.

Cette espèce de communauté existait déjà dans quelques points de la France, même dans des pays régis par le droit romain. Mais la pratique n'en était pas bien générale, et les règles n'en sont pas encore trop bien connues. Il eût été à desirer que la loi fût entrée, à cet égard, dans quelques détails, ainsi qu'elle l'a fait pour des usages bien plus répandus, et par conséquent plus généralement connus.

Il résulte cependant, de ce que la loi dit ici, que les époux, en stipulant une simple communauté d'acquêts, sont censés exclure de la communauté les dettes de chacun d'eux actuelles et futures, et leur mobilier respectif présent et futur, qui entrent de droit dans la communauté ordinaire.

Il est certain que, la communauté se trouvant réduite aux acquisitions faites postérieurement au mariage, rien de ce qui appartenait aux époux avant cette époque ne doit y entrer, ni même ce qui leur écherrait par succession ou donation, et autrement que par un effet de leur industrie. Cette société ne peut également être responsable des dettes qu'ils avaient antérieurement au mariage ; car, n'ayant pas le bénéfice, elle ne peut avoir les charges. La seule difficulté que présente la disposition de cet article, c'est qu'elle parle non seulement des dettes actuelles, c'est-à-dire, existantes à l'époque de la célébration du mariage, mais encore des dettes *futures ;* de manière qu'en prenant ces mots à la lettre, la communauté d'acquêts ne serait pas même responsable des dettes contractées par le mari pendant la durée du mariage.

Cependant le mari est le chef de cette communauté, comme de la communauté légale ; pour la faire prospérer, il doit avoir la liberté de disposer pendant sa durée des effets qui la composent. Les dettes qu'il contracte à raison de son administration doivent être à la charge de la communauté d'acquêts, comme elles le sont à celle de la communauté légale.

La société d'acquêts doit se régler de la même manière que celle de gains et profits, dont il est parlé dans le droit romain, qui ne comprend ni les legs, ni les donations, ni ce qui pourrait être acquis aux associés d'ailleurs que de leur industrie ; elle ne comprend pas non plus les dettes actives des associés, si ce n'est qu'elles fussent provenues des affaires ou commerce de la société. *Leg.* 7, 8 et 9, *seq. ff. pro socio. Leg.* 45, §. 2, *ff. de acquir. vel amitt. hæred.* Domat. *liv.* 1, *tit.* 8, *sect.* 3, §. 3.

Au reste, les règles concernant le remploi des propres aliénés, et dont le prix aurait été versé dans la communauté, la récompense pour les dettes personnelles des époux acquittées des fonds de la communauté, les améliorations faites aux héritages propres d'un des époux, etc., trouvent ici leur application comme dans la communauté légale.

La seconde partie de l'article, où il parle du prélè-

vement des apports duement justifiés , suppose que
chacun des époux est autorisé à les faire avant le partage de la communauté.

Ce partage se borne aux acquêts faits par les époux,
ensemble ou séparément durant le mariage, et provenant tant de l'industrie commune que des économies
faites sur les fruits et revenus des biens des deux époux.

La femme doit sans doute être autorisée à renoncer
à la société d'acquêts , comme elle l'est à renoncer à
la communauté ordinaire. Il est vrai que, s'il n'y avait
pas de dettes à payer , cette renonciation serait sans
objet.

Enfin l'article que nous examinons , en disant que
la communauté des acquêts sera réduite aux profits
provenant tant de l'industrie commune que des économies faites sur les fruits et revenus des biens des
deux époux , suppose que tous ces fruits et revenus seront mis en communauté.

Mais cela ne déroge pas aux droits qu'on laisse aux
époux de fixer une quantité plus ou moins grande de
ces fruits pour mettre en communauté , comme nous
le verrons plus bas.

A R T I C L E 1499.

Si le mobilier existant lors du mariage,
ou échu depuis, n'a pas été constaté par
inventaire ou état en bonne forme, il est
réputé acquêt.

La loi veut prévenir par cette disposition les contes-
tations qui pourraient s'élever , lors du partage de la
communauté , sur les meubles qui seraient censés propres aux époux, comme existant avant le mariage, et
ceux qui feraient partie de la communauté d'acquêts,
comme ayant été acquis après.

Les époux qui voudront empêcher que les meubles qu'ils auront à l'époque de leur mariage , ou qui leur seront échus depuis par succession ou donation, ne fassent partie de la communauté, sont obligés d'en constater, par un inventaire ou un état en bonne forme, l'existence et la valeur. A défaut de cette précaution, tout le mobilier existant à l'époque de la dissolution de la communauté sera réputé acquêt.

SECTION II.

De la Clause qui exclut de la Communauté le Mobilier en tout ou en partie.

ARTICLE 1500.

Les époux peuvent exclure de leur communauté tout leur mobilier présent et futur.

Lorsqu'ils stipulent qu'ils en mettront réciproquement dans la communauté, jusqu'à concurrence d'une somme ou d'une valeur déterminée, ils sont, par cela seul, censés se réserver le surplus.

La seconde modification que les époux peuvent apporter aux règles générales de leur communauté est celle par laquelle ils en excluent tout leur mobilier présent et futur.

Cette stipulation rentre dans celle dont nous avons parlé sur les deux articles précédens, et est exactement la même : car l'exclusion de la totalité du mobilier présent et futur, comprend également les dettes mobilières présentes et futures.

La communauté est donc réduite aux acquisitions qui seront faites pendant la durée du mariage.

Aussi regardait-on autrefois la stipulation que les époux seraient communs en tous les biens qu'ils acquerraient, comme une exclusion de tout le mobilier existant à l'époque du mariage.

Mais, dans l'exclusion de tout le mobilier présent et futur, la loi n'entend par le mot *futur* que celui qui écherrait par succession ou donation, et non celui qui serait acquis par l'industrie commune ou séparée des époux : autrement la communauté serait réduite à rien, étant presque toujours composée d'effets mobiliers. D'ailleurs, on ne peut acquérir des immeubles qu'avec de l'argent, qui est meuble de sa nature. Tous les acquêts ont été meubles avant de devenir immeubles.

L'article 1504 ci-dessous indique très-bien que par le mobilier futur, on ne doit entendre que le mobilier *échu*, ou par succession, ou par donation, et non celui acquis par l'industrie commune ou séparée des époux.

Cette stipulation, qui exclut le mobilier de la communauté, s'appelle, dans le langage du droit coutumier, convention *de réalisation*, parce qu'on donnait par là la qualité de propres de communauté aux meubles qui ne l'avaient pas de leur nature ; et que cette qualité appartenait spécialement aux immeubles, objets plus réels que les meubles.

La convention de réalisation est ou expresse ou tacite.

Elle est expresse quand elle est nommément exprimée dans le contrat ; elle est tacite quand elle est une conséquence d'une autre convention expressément stipulée.

Nous en avons déjà cité un exemple. On en voit un autre dans la seconde partie de cet article, où il est dit que les époux stipulant qu'ils mettront réciproquement dans la communauté jusqu'à concurrence d'une somme ou d'une valeur déterminée, sont censés s'être réservé le surplus. La limitation de l'apport ou de la contribution à la communauté, qui est faite à une certaine somme, renferme une réalisation tacite du surplus du mobilier.

La convention de réalisation est de droit étroit, et ne s'étend pas d'une chose à l'autre, de manière que si les futurs conjoints, après avoir fixé la somme que chacun d'eux apporterait dans la communauté, ont stipulé que le surplus de leurs meubles serait propre; cette clause ne comprend que les biens mobiliers qu'ils avaient alors, et elle ne s'étend pas à ceux qui leur avienment durant le mariage, à titre de succession et de donation, et qui, d'après les règles génér des ci-dessus, doivent entrer en communauté. Pothier, *t. 1, part. 1, ch. 3, art. 4, § 1, art.* 519.

Mais il faut que le titre en vertu duquel ces meubles leur avienment pendant le mariage, soit postérieur à la célébration, et non antérieur, comme nous l'avons expliqué ailleurs. *Ibid.* n°s 320 *et suiv.*

L'effet de la convention de réalisation, par rapport au mobilier des conjoints, est de le faire réputer immeuble et propre conventionnel, au moyen de quoi il est exclu de la communauté, et conservé au conjoint seul qui l'a réalisé.

Il y a cependant une grande différence entre les propres conventionnels et les propres réels.

La communauté n'a que la jouissance de ces derniers. Ils ne se confondent jamais avec les biens de la communauté; le conjoint à qui ils appartiennent en reste propriétaire pendant la durée du mariage; et le mari ne peut aliéner les propres de la femme, sans son consentement, ainsi qu'on l'a dit plus haut.

Mais les biens mobiliers réalisés ou propres conventionnels se confondent avec les autres biens mobiliers de la communauté; le mari, chef de la communauté, peut les aliéner, et lors de sa dissolution, celui des époux qui les a réalisés n'a qu'une reprise pour leur valeur à exercer contre la communauté. Le conjoint n'est pas créancier *in specie* des meubles réalisés; il ne l'est que de leur valeur. S'il s'en trouvait quelqu'un en nature lors de la dissolution de la communauté, il y aurait seulement un privilége pour la créance de reprise, en les faisant reconnaître. Pothier, *loc. cit.* n° 325.

Si la communauté n'avait pas le droit d'aliéner les biens mobiliers qui pour la plupart se consomment par l'usage, la jouissance qui lui est accordée, serait nulle pour elle, à la différence des immeubles qui ont un produit réel, sans altérer le fonds.

ARTICLE 1501.

Cette clause rend l'époux débiteur envers la communauté, de la somme qu'il a promis d'y mettre, et l'oblige à justifier de cet apport.

Lorsque les époux sont convenus de mettre réciproquement dans la communauté jusqu'à concurrence d'une somme ou d'une valeur déterminée, ils sont par là débiteurs de cette somme envers la communauté, et ils sont obligés de justifier par une preuve légale, qu'ils ont rempli leur obligation.

A défaut de cette obligation, lors du partage de la communauté, l'époux qui ne prouverait point avoir fait le versement ou l'apport de la somme convenue, en devrait une indemnité à l'autre ou à ses héritiers.

ARTICLE 1502.

L'apport est suffisamment justifié, quant

au mari, par la déclaration portée au contrat de mariage, que son mobilier est de telle valeur.

Il est suffisamment justifié à l'égard de la femme, par la quittance que le mari lui donne, ou à ceux qui l'ont dotée.

Ici la loi indique quelles sont les preuves ordinaires par lesquelles les époux ou leurs héritiers peuvent justifier que l'apport convenu a eu lieu.

Ainsi l'apport est suffisamment justifié de la part du mari, par la déclaration portée au contrat de mariage, que son mobilier est de telle valeur ; cette déclaration suppose que ce mobilier a été vérifié et qu'il existait réellement. Le mari est parfaitement quitte envers la communauté, si la valeur de son mobilier égale celle de l'apport promis ; si celle-ci excède, il ne doit que le surplus.

La femme justifie suffisamment qu'elle s'est acquittée envers la communauté, par la quittance que son mari lui a donnée, ou à ceux qui l'ont dotée.

Ces deux espèces de preuves n'excluent point toutes les autres par lesquelles on pourrait justifier d'une manière légale, que l'apport promis a été réellement versé dans la communauté.

A R T I C L E 1503.

Chaque époux a le droit de reprendre et de prélever, lors de la dissolution de la communauté, la valeur de ce dont le mobilier qu'il a apporté lors du mariage, ou qui lui est échu depuis, excédait sa mise en communauté.

Nous avons déjà dit que le mobilier même des époux, qui ne fait point partie de la communauté, y entre néanmoins, de manière que le mari chef de la communauté, peut en disposer, sauf le prélèvement lors de la dissolution de la part de celui à qui ce mobilier appartenait.

Mais ce prélèvement ne se fait en nature qu'autant que les effets qui en font partie existent encore dans la communauté lors de sa dissolution. L'époux même à qui ils appartenaient n'est point forcé de les reprendre. Il a droit d'en demander la valeur telle qu'elle était lors du mariage, ou s'il est échu après, à l'époque de cette échéance, et jusqu'à concurrence de ce qu'elle excède la mise en communauté.

ARTICLE 1504.

Le mobilier qui échoit à chacun des époux pendant le mariage doit être constaté par un inventaire.

A défaut d'inventaire du mobilier échu au mari, ou d'un titre propre à justifier de sa consistance et valeur, déduction faite des dettes, le mari ne peut en exercer la reprise.

Si le défaut d'inventaire porte sur un mobilier échu à sa femme, celle-ci ou ses héritiers sont admis à faire preuve, soit par titres, soit par témoins, soit même par commune renommée, de la valeur de ce mobilier.

La loi règle ici la manière dont les époux doivent

constater la valeur et la consistance du mobilier qui leur échoit pendant la durée du mariage.

Cette précaution est nécessaire dans le cas où l'on aurait mis en communauté le mobilier des époux existant à l'époque de la célébration du mariage, et qu'on en aurait exclu celui qui leur serait échu pendant la durée de la communauté.

Il serait impossible de distinguer ce qui fait partie de ce dernier, si l'on n'en avait constaté l'existence et la valeur, déduction faite des dettes ; or cela ne peut se faire que par un inventaire.

A défaut de cette précaution ou d'un titre légitime capable de la remplacer, le mari n'aurait aucune reprise à exercer relativement à ce mobilier.

Il en serait autrement si au lieu de mettre indéfiniment en communauté le mobilier existant à l'époque du mariage, on n'y avait mis qu'une somme déterminée ; alors le mari comme la femme aurait droit de prélever tout ce qui excèderait la somme fixée, comme on le voit par l'article précédent.

Mais la difficulté serait toujours de déterminer la valeur respective du mobilier échu au mari et à la femme.

Le mari est tenu de constater la valeur du sien par un inventaire ou autre preuve légale, à peine d'être privé de la reprise.

A défaut d'inventaire, la femme ou ses héritiers sont admis à faire preuve, soit par titres, soit par témoins, soit même par commune renommée de la valeur du mobilier qui lui est échu.

La femme est traitée plus favorablement, parce que ne pouvant ester en justice, ni faire aucun acte quelconque sans l'autorisation de son mari, on ne peut la rendre responsable du défaut d'inventaire, comme on fait du mari, maître d'agir comme il veut et quand il lui plaît.

SECTION III.

De la Clause d'Ameublissement.

ARTICLE 1505.

Lorsque les époux, ou l'un d'eux, font entrer en communauté tout ou partie de leurs immeubles présens ou futurs; cette clause s'appelle *Ameublissement*.

Nous avons vu, sur les précédens articles, que l'on peut réaliser les meubles, et donner par là la qualité de propres de communauté, à des choses qui ne l'ont pas de leur nature, et qui doivent y entrer, lorsqu'il n'y a pas de clause qui les en exclut.

Il est ici question de l'opération contraire, lorsqu'on stipule qu'un immeuble, qui de sa nature n'entre point en communauté, en fera néanmoins partie; c'est ce qu'on appelle *ameublissement*.

L'effet de cette convention est de faire entrer des immeubles dans la communauté de la même manière que les meubles, et de donner au mari les mêmes pouvoirs sur les uns que sur les autres.

La convention d'ameublissement a lieu ordinairement lorsque la femme n'a pas assez d'effets mobiliers pour mettre en communauté: car les plus grands gains d'une communauté provenant presque toujours de l'industrie du mari, il est juste que la femme qui veut en avoir sa part, y apporte plus de mobilier que le mari, afin de faire une compensation raisonnable; ce n'est pas que le mari ne puisse aussi ameublir ses propres pour les faire entrer dans la communauté; cela dépend absolument de la volonté des contractans : ils peuvent, quand ils sont majeurs, ameublir la totalité de leurs immeubles, soit présens, soit futurs, ou seulement une portion déterminée.

Les pères et les mères qui marient leurs enfans mineurs, les étrangers même qui leur font des donations par contrat de mariage, peuvent stipuler que les immeubles donnés entreront dans la communauté, et à cet effet qu'ils demeureront ameublis. Louet et Brod. *lett. M, som.* 9.

L'ameublissement peut comprendre, comme on le voit par cet article, la totalité des immeubles présens et futurs des époux, ou seulement une partie. Cependant les conventions d'ameublissement, comme celles de réalisation, sont de droit étroit. On doit les restreindre aux effets nommément exprimés, ou du moins aux biens présens ; et quelque générale que fût la cause d'ameublissement, on ne pourrait l'étendre aux biens à venir, si les parties ne s'étaient expliquées à ce sujet d'une manière claire et positive.

Mais quand il est question d'un mineur qui n'a que des immeubles, l'ameublissement qu'il fait n'est valable qu'autant qu'il a rapporté le consentement et l'assistance de ceux dont le consentement est requis pour la validité de son mariage. Code Civil, art. 1091, et ci-dessus, art. 1398.

Ce défaut de formalité n'annullerait cependant pas l'ameublissement, s'il n'excédait point la somme ordinaire qu'on est en coutume de mettre en communauté.

ARTICLE 1506.

L'ameublement peut être déterminé ou indéterminé.

Il est déterminé quand l'époux a déclaré

ameublir et mettre en communauté un tel immeuble en tout ou jusqu'à concurrence d'une certaine somme.

Il est indéterminé quand l'époux a simplement déclaré apporter en communauté ses immeubles, jusqu'à concurrence d'une certaine somme.

On ne distingue pas seulement les ameublissemens en généraux et en particuliers, mais encore en déterminés et en indéterminés.

L'ameublissement est déterminé, quand l'époux a déclaré ameublir ou faire entrer en communauté un immeuble désigné en totalité, ou bien seulement jusqu'à concurrence d'une certaine somme.

Il est au contraire indéterminé, quand l'époux a simplement et vaguement dit qu'il apportait en communauté ses immeubles, jusqu'à concurrence d'une certaine somme.

Nous verrons sur les articles suivans quels sont les effets de ces diverses sortes d'ameublissement.

Il faut seulement observer ici que l'époux, en promettant de mettre ses immeubles en communauté jusqu'à concurrence d'une certaine somme, prend un engagement bien différent, que lorsqu'il promet d'apporter dans cette communauté jusqu'à concurrence d'une certaine somme ; obligation dont nous avons parlé plus haut.

Par ce dernier pacte, il ne doit qu'une somme d'argent ; par l'autre il s'engage à fournir de ses immeubles jusqu'à concurrence de la somme convenue ; et c'est ce qui produit l'ameublissement.

ARTICLE 1507.

L'effet de l'ameublissement déterminé est de rendre l'immeuble ou les immeubles qui en sont frappés, biens de la communauté comme les meubles mêmes.

Lorsque les meubles ou les immeubles de la femme sont ameublis en totalité, le mari en peut disposer comme des autres effets de la communauté, et les aliéner en totalité.

Si l'immeuble n'est ameubli que pour une certaine somme, le mari ne peut l'aliéner qu'avec le consentement de la femme ; mais il peut l'hypothéquer sans son consentement, jusqu'à la concurrence seulement de la portion ameublie.

Par l'effet de l'ameublissement général ou déterminé, tous les héritages et autres immeubles qu'il comprend deviennent des effets de la communauté.

Ils sont donc à ses risques, et s'ils viennent à périr, la perte en tombe, non sur le conjoint qui les a ameublis, mais sur la communauté.

Il n'importe que cette perte arrive par la faute du mari, puisqu'étant le chef de la communauté, il peut disposer à son gré, et sans le consentement de sa femme, des effets qui la composent.

Aussi la loi ajoute-t-elle que lorsque les immeubles de la femme sont ameublis en totalité, le mari en peut disposer comme des autres effets de la communauté, et les aliéner en totalité.

Lorsque l'immeuble n'est ameubli que jusqu'à une

certaine somme, le mari ne peut l'aliéner qu'avec le consentement de la femme ; mais il peut l'hypothéquer sans ce consentement jusqu'à concurrence seulement de la portion ameublie.

C'est une grande question de savoir si lorsque la communauté a été évincée d'un héritage ameubli par un des conjoints, il est tenu à la garantie envers elle.

Cette garantie n'a pas lieu dans les ameublissemens généraux, les époux n'ameublissant que ce qui leur appartient, et au titre qu'ils le possèdent.

Mais la difficulté est grande pour les ameublissemens particuliers, déterminés ou indéterminés. On avait cru long-temps que lorsque l'ameublissement n'était pas réciproque, l'époux qui l'avait fait, exerçant en quelque sorte une libéralité envers la communauté, où l'autre conjoint n'apportait rien, ne pouvait être tenu à la garantie. On pensa ensuite que l'industrie de celui qui ne faisait pas d'apport, valait souvent mieux que les fonds versés par l'autre dans la communauté, et que par conséquent il devait être tenu de garantir la communauté de l'éviction qu'elle avait soufferte. Pothier, *t. 1, part. 1, chap.* 3, *art.* 3, *n°* 311.

ARTICLE 1508.

L'ameublissement indéterminé ne rend point la communauté propriétaire des immeubles qui en sont frappés ; son effet se réduit à obliger l'époux qui l'a consenti à comprendre dans la masse, lors de la dissolution de la communauté, quelques-uns de ses immeubles, jusqu'à la concurrence de la somme par lui promise.

Le mari ne peut, comme en l'article précédent, aliéner en tout ou en partie, sans le consentement de sa femme, les immeubles sur lesquels est établi l'ameublissement indéterminé ; mais il peut les hypothéquer jusqu'à concurrence de cet ameublissement.

Tant que l'ameublissement demeure indéterminé, et qu'on n'a pas fixé les immeubles du conjoint, sur lesquels il doit opérer, aucun n'est entré dans la communauté ; et, lors de sa dissolution, on a seulement une action contre le conjoint qui a promis l'ameublissement, pour l'obliger à comprendre dans la masse des biens de la communauté qui sont à partager, quelques-uns de ses immeubles jusqu'à concurrence de la somme par lui promise.

Le choix même de ces immeubles lui appartient, ou à ses héritiers, à moins que ne l'ayant pas fait dans le délai assigné par le juge, il eût été déféré à l'autre conjoint ou à ses héritiers. Il suit de là encore que tous les dommages qui pourraient survenir aux immeubles du conjoint, qui aurait promis l'ameublissement, seraient pour son compte, et non pour celui de la communauté.

Le mari ne peut à plus forte raison, comme dans l'article précédent, aliéner les immeubles soumis indéterminément à l'ameublissement. Il n'a qu'un droit d'hypothèque à y imposer.

Mais l'ameublissement déterminé étant une espèce d'aliénation en faveur de la communauté, n'est-il pas sujet à la transcription ?

Une simple inscription doit suffire pour l'ameublissement indéterminé.

ARTICLE 1509.

L'époux qui a ameubli un héritage, a, lors du partage, la faculté de le retenir en le précomptant sur sa part pour le prix qu'il vaut alors, et ses héritiers ont le même droit.

Les héritages ameublis par les conjoints doivent, lors du partage de la communauté, y être compris; cependant la loi laisse au conjoint qui a ameubli l'héritage à partager, la faculté de le retenir, en le précomptant sur sa part pour le prix qu'il vaut au temps du partage, ou en laissant prélever sur la masse d'autres effets de pareille valeur.

Ce droit passe aux héritiers des conjoints.

SECTION IV.

De la clause de Séparation des Dettes.

ARTICLE 1510.

La clause par laquelle les époux stipulent qu'ils paieront séparément leurs dettes personnelles les oblige à se faire, lors de la dissolution de la communauté, respectivement raison des dettes qui sont justifiées avoir été acquittées par la communauté, à la décharge de celui des époux qui en était débiteur. Cette obligation est la même, soit qu'il y ait eu inventaire ou non; mais, si le mobilier apporté par les époux n'a pas été constaté par un inventaire, ou état au

thentique antérieur au mariage, les créanciers de l'un et de l'autre des époux peuvent, sans avoir égard à aucune des dis-
tinctions qui seraient réclamées, poursuivre
leur paiement sur le mobilier non inventorié, comme sur tous les autres biens de
la communauté.

Les créanciers ont le même droit sur le
mobilier qui serait échu aux époux pendant la communauté, s'il n'a pas été pareillement constaté par un inventaire ou
état authentique.

Nous avons dit précédemment qu'en règle générale,
de même que le mobilier entre de droit dans la communauté, de même aussi la communauté est de plein
droit obligée de se charger de leurs dettes mobilières.
Voyez ci-dessus, articles 1401 — 1409.

Mais, en s'en tenant à cette règle, il peut arriver
que la communauté, au lieu d'être profitable, devienne onéreuse pour les époux, si l'un d'eux, ou tous
les deux se trouvent avoir contracté avant le mariage
des dettes considérables.

Pour prévenir cet inconvénient, on inventa une
clause que l'on insère dans la plupart des contrats de
mariage, et par laquelle on stipule, *que chacun des
époux paiera séparément ses dettes contractées
avant le mariage* ; la communauté, en ce cas, n'en
est plus chargée.

Cette convention comprend non seulement les dettes,
dont chacun des conjoints était débiteur envers des
tiers, mais encore celles dont l'un des conjoints pouvait
être débiteur envers l'autre.

Dans ce cas, s'il n'y avait pas clause de séparation de dettes, ce que les époux se devraient mutuellement tomberait dans la communauté, et s'éteindrait par la confusion, pendant la durée du mariage, et ce ne serait que lors de la dissolution, que l'époux créancier pourrait en former répétition en totalité, ou pour la moitié, suivant que la femme accepterait ou renoncerait à la communauté. Pothier, *tom.* 1, *part.* 1 *ch.* 3, *art.* 4, §. 1, *n°* 353.

Les dettes antérieures au mariage qui sont exclues de la communauté par la clause de séparation sont toutes celles que les époux ont contractées avant l'époque de la célébration du mariage, ou dont l'origine et la cause sont antérieures à cette époque.

Ainsi, une dette contractée avant le mariage sous une condition qui ne se serait réalisée qu'après ; celles qui n'auraient été liquidées que postérieurement au mariage, quoiqu'existantes auparavant, seraient exclues par cette clause de la communauté.

Il en serait de même de l'amende prononcée contre un des époux pour un délit commis avant le mariage, ou de la condamnation soit au principal, soit aux frais pour un procès commencé avant le mariage, etc. ; à moins que le procès ayant été commencé par la femme avant son mariage n'eût été repris par le mari postérieurement.

La clause de séparation de dettes peut être considérée de deux manières, ou par rapport aux époux, et à l'indemnité qu'ils ont à prétendre l'un envers l'autre, à raison de cette convention, ou par rapport aux créanciers.

L'effet de cette convention à l'égard des conjoints est tel, que, si les dettes exclues de la communauté ont été acquittées de ses deniers, le conjoint qui en était débiteur, ou ses héritiers en doivent récompense à la communauté , lors de sa dissolution, (art. 146 ci-dessus) et cela a lieu soit que les époux aient fait inventaire ou non.

Mais, à l'égard des créanciers de l'un et l'autre des conjoints, la convention de séparation des dettes ne peut les empêcher de poursuivre leur paiement sur le mobilier, comme sur les autres biens de la communauté. Cela ne saurait souffrir aucune difficulté relativement au mari, qui est réputé le maître de la communauté, et dont les effets sont par conséquent responsables de ses dettes, soit qu'il y ait eu inventaire ou non.

Quant à celles de la femme, nous avons vu plus haut que la communauté n'en était responsable que jusqu'à concurrence du mobilier qu'elle y avait apporté, lorsque le mari avait eu la précaution d'en faire faire un inventaire exact et fidèle. *Voyez* article 1414 ci-dessus.

Ces principes s'appliquent également dans le cas de la clause de séparation ; la communauté n'est à couvert des poursuites des créanciers de la femme qu'autant qu'on aurait fait inventaire du mobilier de la femme, existant antérieurement au mariage, le mari n'est obligé de payer que jusqu'à concurrence de la valeur de ce mobilier.

A défaut d'inventaire, il serait tenu de payer la totalité des dettes mobilières, nonobstant la clause de séparation.

Mais, si le contrat contient, par le détail, les biens mobiliers de la femme, il tient lieu d'inventaire, l'article le décide expressément, lorsqu'il dit : *par un inventaire ou état authentique.*

Les droits des créanciers s'étendent aussi sur le mobilier échu aux époux pendant la durée de la communauté, s'il n'est constaté aussi par un inventaire.

Les coutumes anciennes n'exigeaient l'inventaire que pour le mobilier de la femme, et pour mettre la communauté à couvert des poursuites des créanciers de la femme. La précaution est inutile pour le mari, puisque la communauté doit toujours, soit qu'il y ait inventaire ou non, sauf la récompense de la femme.

Dans le régime dotal, le mari n'est tenu des dettes de sa femme antérieures au mariage, que jusqu'à concurrence de ce qu'il a reçu d'elle, et dont le montant est constaté par le contrat de mariage.

<h3 align="center">ARTICLE 1511.</h3>

Lorsque les époux apportent dans la communauté une somme certaine ou un corps certain, un tel apport emporte la convention tacite qu'il n'est point grevé de dettes antérieures au mariage, et il doit être fait raison par l'époux débiteur à l'autre de toutes celles qui diminueraient l'apport promis.

C'était autrefois une question de savoir si, lorsque les conjoints avaient, par leur contrat de mariage, apporté chacun une somme fixe, ou un corps certain, pour en composer leur communauté, ils étaient censés en avoir par là exclu leurs dettes antérieures au mariage, sans qu'il fût nécessaire d'en faire une clause particulière.

Il paraît que les Jurisconsultes étaient partagés là-dessus. La loi décide pour l'affirmative, et sa décision est équitable. Quand les conjoints déterminent la valeur ou la quantité de leur apport dans la communauté, c'est pour le connaître d'une manière positive; leur objet serait manqué, si la communauté restait chargée de leurs dettes; car, le montant des dettes devant se déduire sur la valeur de l'apport, il ne serait jamais ce que les conjoints ont voulu qu'il fût, mais seulement ce qu'il vaudrait, les dettes déduites.

Si donc l'apport certain fait par un des époux était un immeuble sur lequel il y eût des dettes inscrites, le conjoint devrait à la communauté une indemnité pour le montant de ces dettes.

ARTICLE 1512.

La clause de séparation de dettes n'empêche point que la communauté ne soit chargée des intérêts et arrérages qui ont couru depuis le mariage.

Quoique les dettes mobilières des conjoints, antérieures au mariage, soient exclues de la communauté par la clause de séparation, les intérêts de ces dettes, de même que les arrérages des rentes soit foncières, soit constituées, et autres dus par chacun des conjoints, quoique établis avant le mariage, et qui ont couru pendant la communauté, se trouvent à sa charge, comme étant eux-mêmes des charges des revenus des époux, qui entrent de droit dans la communauté. Article 1401 ci-dessus.

ARTICLE 1513.

Lorsque la communauté est poursuivie pour les dettes de l'un des époux, déclaré par un contrat franc et quitte de toutes dettes antérieures au mariage, le conjoint a droit à une indemnité qui se prend soit sur la part de communauté revenant à l'époux débiteur, soit sur les biens personnels dudit époux ; et, en cas d'insuffisance, cette indemnité peut être poursuivie par voie de garantie contre le père, la mère, l'ascendant ou le tuteur qui l'auraient déclaré franc et quitte.

Cette garantie peut même être exercée par le mari durant la communauté, si la dette provient du chef de la femme ; sauf, en ce cas, le remboursement dû par la femme ou ses héritiers aux garans, après la dissolution de la communauté.

Quoique cet article soit placé dans la section intitulée de la *clause de séparation des dettes*, il y est cependant question d'une autre clause, qui, en certains cas, est très-différente de celle-là. Cette clause est celle par laquelle l'un des époux est déclaré *franc et quitte* de toutes dettes antérieures au mariage.

Ce sont ordinairement les parens du mari qui le déclarent franc et quitte de toutes dettes antérieures au mariage.

En général, par cette clause, celui des époux qui l'a stipulée doit à l'autre une indemnité proportionnée aux dettes qu'il aurait eues antérieurement au mariage, et au préjudice que la communauté en aurait éprouvé.

Lorsque ce sont les parens du mari qui l'ont stipulée, s'il ne se trouvait pas exempt de toutes dettes, comme le contrat le porte, et que la femme en éprouvât quelque préjudice, son indemnité se prendrait d'abord, soit sur la part de la communauté revenant au mari, soit sur ses biens personnels ; et, en cas d'insuffisance, cette indemnité pourrait être poursuivie par voie de garantie contre le père, la mère, l'ascendant ou le tuteur, qui aurait stipulé la clause de franc et quitte.

La femme peut souffrir, en plusieurs manières, du préjudice de l'existence des dettes antérieures au mariage, nonobstant la clause de franc et quitte.

1° Par l'insolvabilité de son mari, elle peut se trouver dans l'impuissance de recouvrer sa dot et les conventions matrimoniales stipulées à son avantage.

2° Elle éprouve une diminution de sa part dans la communauté, qui aurait été meilleure si le mari n'avait pas eu des dettes.

Les anciens auteurs sont tous d'accord pour soumettre les ascendans à indemniser la femme du préjudice de la première espèce.

Ils ont été divisés au sujet du second, et les difficultés qui s'étaient élevées à cet égard n'ont jamais été résolues d'une manière positive. La loi nouvelle ne s'explique pas non plus à cet égard. Elle se borne à dire que lorsque la communauté sera poursuivie pour les dettes de l'un des époux déclaré franc et quitte de toutes dettes antérieures au mariage, le conjoint a droit à une indemnité proportionnée au montant de ces dettes.

On doutait encore si la femme avait à prétendre une indemnité pour l'inexécution de cette clause, à raison des obligations contractées par elles en faveur de son mari, pendant la durée du mariage.

On avait décidé pour l'affirmative. La femme en s'obligeant pendant la durée du mariage, a dû compter sur les biens du mari, tels qu'ils devaient être francs et quittes de toutes dettes.

Il est essentiel de remarquer que l'indemnité due à celui des époux pour l'inexécution de la clause, ne s'élève point au montant de la totalité du dommage qu'il éprouve, mais seulement dans la proportion des dettes existantes, et dont on avait déclaré son conjoint franc et quitte.

Ainsi, par exemple, si par l'insolvabilité du mari, la femme était perdante de sa dot, montant à 30,000 fr., et que, malgré la clause de franc et quitte, les biens du mari se fussent trouvés grevés d'une créance privilégiée ou hypothécaire, antérieure au mariage, de la somme de 12,000 fr., son recours contre les ascendans se bornerait à cette somme de 12,000 fr., Pothier, *tom.* 1, *part.* 1, *chap.* 3, *art.* 5, §. 2. Les simples dettes chirographaires n'autoriseraient point à demander l'indemnité; puisqu'au moyen de l'hypothèque acquise par le contrat de mariage, la femme les primerait toujours.

Il suit de ce que nous venons de dire, que la clause *de franc et quitte* se confond avec celle de séparation de dettes, lorsqu'elle est seulement stipulée entre les époux, et, qu'en ce cas, les effets en sont les mêmes, c'est-à-dire, qu'elle ne concerne que la communauté, dont elle exclut les dettes antérieures au mariage; mais ces clauses sont entièrement distinctes quand ce sont les ascendans du mari qui stipulent en faveur de la femme la clause de franc et quitte.

Il se forme alors une convention qui n'existe qu'entre la femme et les parens du mari, qui le déclarent franc et quitte de dettes antérieures au mariage; il n'y a, par cette convention, que les parens du mari qui contractent une obligation envers la femme; le mari, déclaré franc et quitte, n'en contracte aucune, et n'est pas censé partie à celle qui est faite.

La clause *de franc et quitte*, stipulée par les ascendans, ne concerne pas exclusivement la communauté, elle pourrait avoir lieu dans un mariage où il y aurait exclusion de communauté; et, quand il y a communauté, son objet n'est pas d'en exclure la charge des dettes du futur conjoint antérieures au mariage, mais que ces dettes n'empêchent pas la femme d'être payée sur les biens du mari.

D'où il suit que la clause de franc et quitte, stipulée par les parens, est encore différente de celle par laquelle ils s'engageraient à payer les dettes de leur enfant, antérieures au mariage. Ils sont obligés, dans ce dernier cas, de l'en acquitter ; ils ne le font pas dans l'autre.

Les deux clauses de séparation de dettes, et de franc et quitte, peuvent donc se trouver réunies ou séparées.

Lorsqu'elles sont réunies, c'est-à-dire, lorsque le contrat de mariage renferme à la fois la clause de franc et quitte, et de séparation des dettes, les parens de la femme, qui, en exécution de la clause de franc et quitte, ont payé ses dettes antérieures au mariage, en ont la répétition contre elle, après la dissolution de la communauté, qui ne peut être tenue de ces dettes, attendu la clause de séparation.

Mais, si le contrat de mariage ne renfermait pas la clause de séparation des dettes, mais seulement celle de franc et quitte, les parens de la femme qui, en exécution de leur engagement envers leur gendre, auraient acquitté les dettes antérieures au mariage, n'auraient point de répétition contre la femme qui aurait renoncé à la communauté ; la femme ayant contre son mari, ou ses héritiers, une action pour être garantie des dettes de la communauté, dont celles payées par ses parens feraient partie, faute de clause de séparation de dettes.

Si la femme acceptait la communauté, les parens pourraient exiger d'elle la moitié des dettes qu'ils auraient payées. *Voyez* la fin de l'article.

L'article qui donne lieu à ces longues observations finit en disant que la garantie contre les parens peut être exercée durant la communauté, si la dette provient du chef de la femme.

Elle peut avoir lieu aussi, en cas d'exclusion de la communauté; car le mari ayant, en cette qualité, le droit de jouir de tous les revenus de sa femme pour le soutien des charges du mariage, a intérêt que ces revenus ne soient pas diminués par les dettes antérieures au mariage; en cas de poursuite, il doit être indemnisé par ceux qui ont stipulé la franchise.

SECTION V.

De la faculté accordée à la Femme de reprendre son Apport franc et quitte.

ARTICLE 1514.

La femme peut stipuler qu'en cas de renonciation à la communauté, elle reprendra tout ou partie de ce qu'elle y aura apporté, soit lors du mariage, soit depuis : mais cette stipulation ne peut s'étendre au-delà des choses formellement exprimées, ni au profit des personnes autres que celles désignées.

Ainsi la faculté de reprendre le mobilier que la femme a apporté lors du mariage, ne s'étend point à celui qui serait échu pendant le mariage.

Ainsi la faculté accordée à la femme ne s'étend point aux enfans ; celle accordée à la femme et aux enfans ne s'étend point aux héritiers ascendans ou collatéraux.

Dans tous les cas, les apports ne peuvent

être repris que déduction faite des dettes personnelles à la femme, et que la communauté aurait acquittées.

En règle générale, les femmes qui renoncent à la communauté ne doivent non seulement en retirer aucun profit, comme nous l'avons vu ci-dessus ; mais elle ne doivent pas même en retirer les sommes ou les effets qu'elles y ont apportés, de manière que celles qui ne se servent que de la faculté de renoncer, telle que la loi la leur accorde, perdent sans ressource la portion de leurs biens qu'elles ont apportée dans la communauté.

Pour leur éviter cette perte, on inventa la clause portant, que *la future épouse reprendra tout ce qu'elle aura apporté dans la communauté.*

Ainsi, le sort des femme, si rigoureux dans le principe, s'améliorera avec le temps. Il ne leur était pas d'abord permis de renoncer ; elles devaient partager avec le mari les pertes de la communauté, comme elles profitaient des augmentations. On leur permit de de se décharger des dettes, en renonçant ; mais alors il fallait qu'elles abandonnassent tout ce qu'elles avaient mis dans la communauté. Ce fut un nouvel avantage quand on leur permit de stipuler la reprise de leur apport, même lorsqu'elles renonceraient à la communauté.

La faculté de reprendre n'a pas lieu de plein droit en faveur de la femme, comme celle de renoncer. Elle n'existe qu'en vertu d'une stipulation particulière.

Mais cette stipulation, dans laquelle on est libre de comprendre ce que la femme a apporté, soit lors du mariage, soit postérieurement, ne s'étend jamais qu'aux choses qui y sont formellement exprimées, et n'a lieu qu'au profit des personnes qui y sontdésignées, comme on le voit par cet article. *Arrêt du 18 juin 1687. Journal du Palais, tom. 2, pag. 675.*

L'étendue qu'on doit donner à la faculté de reprendre dépend beaucoup de la manière dont elle est énoncée, et de l'exactitude que le notaire a mise à la rédiger.

Pour y donner toute la latitude possible, il faut dire, qu'*arrivant la dissolution de la communauté, la future pourra, en y renonçant, reprendre franchement et quittement tout ce qu'elle y a apporté.*

La clause ainsi conçue s'applique à tous les cas dans lesquels la communauté peut être dissoute.

Si on disait, au contraire, *la future, seule survivant, pourra renoncer à la communauté, et ce faisant reprendre*, etc., on pourrait soutenir que la clause de reprise ne s'applique qu'au cas de dissolution par mort, et non à celui par divorce, séparation, etc.

Lorsque la clause de reprendre n'a été stipulée qu'en faveur de la femme, les enfans n'ont pas le droit d'en faire usage. L'article le dit expressément; et par là cesse la présomption qu'on avait voulu établir, et suivant laquelle la stipulation faite en faveur de la mère, devait l'être en faveur des enfans. Louet et Brod. *lett. f, somm.* 28. Par le mot enfans, on entend les descendans à quelque degré qu'ils soient. *Leg.* 220, *ff. de v. s.* Code Civil, article 914. Mais une fois que ce droit a été ouvert en faveur de la femme, ce droit forme une portion de ses biens, qui passe à ses héritiers avec tous ses autres droits.

La stipulation faite en faveur des enfans comprend les enfans à naître du mariage, comme ceux des mariages précédens, à moins qu'ils n'en fussent exclus.

La faculté de reprendre peut être ouverte en faveur de la femme, lorsque la communauté est dissoute par le prédécès du mari, le divorce ou la séparation ; mais, quand elle a été stipulée en faveur des enfans ou des autres héritiers de la femme, ce n'est que par le prédécès de la femme même qu'il est ouvert.

Quand la femme a stipulé la reprise en faveur des collatéraux, sans parler de ses héritiers en ligne directe descendante ou ascendante, ceux-ci y sont compris de droit ; car, on ne pense point que la femme ait pris plus d'intérêt pour des héritiers en ligne collatérale, que pour ceux en ligne directe.

La stipulation de la femme pour ses héritiers, même en collatérale, ne comprend qu'eux ; elle ne s'étend point à la succession vacante, et aux successions irrégulières.

Si la femme, pour frauder ses créanciers, avait accepté une communauté onéreuse, et s'était privée par là d'une reprise lucrative, les créanciers pourraient l'exercer à sa place.

La reprise des effets mobiliers que la femme a fait entrer dans la communauté ne se fait pas en nature ; le mari ou ses héritiers sont seulement débiteurs de de valeur de ces effets.

Si c'étaient des héritages qui y fussent entrés, la femme, ou ses héritiers seraient obligés de les reprendre, sauf les détériorations causées par la faute du mari, dont il serait responsable.

On lui devrait les améliorations, s'il en avait faites ; si les héritages avaient été ameublis, et ensuite aliénés, la femme ni ses héritiers ne pourraient en revendiquer que le prix, le mari ayant eu le pouvoir de les aliéner. Si on prétendait qu'ils n'ont pas été vendus à leur juste prix, on aurait droit de demander une estimation par experts.

On voit par la fin de l'article que la femme qui exerce la reprise doit faire déduction des dettes passives qu'elle avait lors du mariage, et qui ont été acquittées des des deniers de la communauté.

Il résulte de tout ce qu'on vient de dire, que lorsqu'il y a dans un mariage la clause de reprise, et que la femme ou ses héritiers, pour profiter du bénéfice de cette clause, renoncent à la communauté, alors le régime sous lequel les époux s'étaient mariés change entièrement de nature, et de commun qu'il était, il devient dotal; car la femme reprend alors ses apports, tout comme elle reprendrait la dot qu'elle se serait constituée.

Quand la femme majeure a une fois accepté la communauté, elle ne peut plus jouir de l'effet de la clause de reprise, si la communauté se trouve chargée de dettes au-delà de ce qu'il y a de biens. Louet et Brod. *lett. C. somm.* 54.

La femme peut, à la vérité, en faisant un bon et loyal inventaire, être reçue à rendre compte, et ne peut être chargée de dettes au-delà de ce qu'elle a reçu de la communauté, ainsi que nous avons vu plus haut, article 1483. Mais tout ce qu'elle a apporté à la communauté y reste confondu, et elle ne peut plus le reprendre au préjudice des créanciers de la communauté, ni des héritiers du mari. Elle ne peut pas même, pour éviter cette confusion, prendre la communauté par bénéfice d'inventaire.

SECTION VI.

Du Préciput conventionnel.

ARTICLE 1515.

La clause par laquelle l'époux survivant

est autorisé à prélever, avant tout partage, une certaine somme ou une certaine quantité d'effets mobiliers en nature, ne donne droit à ce prélèvement au profit de la femme survivante, que lorsqu'elle accepte la communauté, à moins que le contrat de mariage ne lui ait réservé ce droit, même en renonçant.

Hors le cas de cette réserve, le préciput ne s'exerce que sur la masse partageable, et non sur les biens personnels de l'époux prédécédé.

Le préciput est aujourd'hui un avantage stipulé en faveur du survivant des époux, et qui l'autorise à prélever, à son profit, sur la communauté, une partie des biens dépendant de cette communauté.

On le distinguait autrefois en légal et en conventionnel. Le premier était fixé, indépendamment de toute convention, par la loi même, ou pour mieux dire, par la coutume; car le mot *préciput*, était un des termes particuliers du droit coutumier.

La coutume de Paris ne donnait de préciput qu'aux nobles, article 238. D'autres l'accordaient indistinctement aux personnes de toutes les classes. Il y en avait enfin qui étaient muettes à ce sujet.

On stipulait presque par-tout un préciput pour suppléer au silence des coutumes, ou pour en rectifier les dispositions, souvent obscures ou incomplètes.

C'était le préciput conventionnel.

Dans presque tous les pays de droit écrit, les époux se faisaient une donation réciproque des bagues et joyaux, et quand il n'y avait pas de donation, ils appartenaient en pleine propriété au mari, comme les ayant achetés.

On comprenait quelquefois sous ce nom tous les meubles personnels à la femme.

C'était là le préciput conventionnel du droit coutumier, qui pour l'ordinaire ne comprenait que les effets mobiliers, et sur - tout ceux qui étaient personnels aux époux.

Aussi la plupart des contrats de mariage portaient-ils que le futur mari aurait, en cas de survie, dans les biens de la communauté par préciput, ses habits et linge à son usage ; ce qui comprend, outre ses meubles personnels, ses armes et ses chevaux, si c'est un militaire, ou ses livres, si c'est un homme de lettres, ou ses outils, si c'est un artisan.

A l'égard de la femme, on stipulait qu'elle aurait, en cas de survie, ses habits, bagues et joyaux.

S'il était dit ses habits, les bagues et joyaux n'y étaient pas compris, *et vice versâ. Leg.* 25, §. 10; *ff. de aur. et arg. legat.* Code Civil, art. 533 et suiv.

La loi du 17 nivose an 2, qui opéra un si grand bouleversement dans la partie de la législation sur laquelle elle disposa, abolit tout les avantages qui étaient établis en faveur des époux par l'autorité seule des lois et des coutumes. Elle ne permit que les avantages qui seraient stipulés par des conventions, ou créés par des actes de dernière volonté, en se renfermant dans les limites qu'elle fixa.

Il n'y eut plus dès-lors de préciput légal; le conventionnel seul resta. Il en est de même encore aujourd'hui, comme on le voit par la loi que nous commentons, où il n'est question que du dernier.

Le préciput conventionnel peut s'établir de plusieurs manières : quelquefois on le fixe en espèces, en déterminant les effets qui y seront compris ; d'autrefois, on le fait consister en une somme d'argent, comme lorsqu'il est dit que le survivant prendra pour préciput une somme déterminée.

Le préciput en espèce peut être illimité, lorsqu'on dit que le survivant prendra tous ses meubles, linge et habits; il peut être limité, lorsqu'il est dit qu'il prendra les meubles, etc., jusqu'à concurrence d'une telle somme.

Dans le premier cas, il a le droit de prendre toutes les choses de l'espèce déterminée, qui se trouvent dans la communauté, pourvu que d'ailleurs la valeur n'en soit pas excessive relativement à la fortune des parties; ce qui aurait été acquis en fraude pendant la durée de la dernière maladie devrait être retranché.

Dans le second, il ne prend que jusqu'à concurrence de la somme convenue ; s'il n'y avait pas dans la communauté des effets d'une pareille valeur, le survivant n'aurait rien à prétendre au-delà.

Le mot de préciput, signifiant *hors de part*, suppose par conséquent une communauté à partager. Ainsi, la femme survivante qui renonçait à la communauté, ne pouvait jouir du préciput établi par la loi.

L'article que nous examinons adopte cette règle ; il excepte cependant le cas où le contrat de mariage lui aurait réservé ce droit.

Mais lorsque cette réserve existe, son effet est de rendre le mari et sa succession garans du préciput de la femme, non seulement lorsqu'elle renonce à la communauté, mais encore lorsqu'en l'acceptant, il n'y a pas suffisamment dans la communauté, de quoi la remplir en entier de son préciput.

Hors le cas de cette réserve, comme le dit la fin de l'article, la femme n'a aucun recours contre la succescession de son mari, pour ce qui manque dans les biens de la communauté, pour la remplir de son préciput. Le préciput, n'étant qu'un prélèvement à faire sur la masse, ne peut avoir lieu qu'autant qu'il y a à prélever.

Lorsque c'est le mari qui survit, et que les héritiers de la femme renoncent à la communauté, la convention de préciput, devient inutile au mari, puisque les effets de la communauté lui restent en entier.

ARTICLE 1516.

Le préciput n'est point regardé comme un avantage sujet aux formalités des donations, mais comme une convention de mariage.

Il en était ainsi dans l'ancienne jurisprudence. Le préciput était regardé plutôt comme une convention de mariage que comme une donation ; il était par conséquent exempt des formalités que la loi exige pour la validité de cette dernière.

Il n'y est pas nécessaire d'acceptation. Code Civil, art. 1087.

L'hypothèque date du jour du mariage. Code Civil, art. 2134.

ARTICLE 1517.

La mort naturelle ou civile donne ouverture au préciput.

Il paraît que la question, si la mort civile ⋅ ⋅ait ouverture au préciput, avait été très-prob' ⋅ dans l'ancienne jurisprudence; on avait tenu l ⋅ pour la négative. L'affirmative l'avait enfin porté

Voyez Pothier, *tom.* 1, *part.* 1, *chap.* 3, *art.* 7, §. 2, *n°* 443.

Le présent article fait disparaître tout doute à ce sujet.

Il peut s'en élever encore un autre, si les époux venaient à périr dans un même accident, sans qu'on pût savoir lequel des deux a survécu. On ne pourrait se décider, en pareille cas, d'après les règles établies par le Code Civil, au titre *des Successions,* art. 720 et suiv.)

Ces règles ne concernent que les successions *ab intestat,* et non les succession testamentaires. Celui qui réclame, en alléguant la survie, doit la justifier par une preuve authentique, et non par une simple présomption. Pothier, à l'endroit cité ci-dessus, n° 444. Voyez mon *cours de Droit Civil français,* tom. 2, *pag.* 322.

A R T I C L E 1518.

Lorsque la dissolution de la communauté s'opère par le divorce ou par la séparation de corps, il n'y a pas lieu à la délivrance actuelle du préciput ; mais l'époux qui a obtenu soit le divorce, soit la séparation de corps, conserve ses droits au préciput, en cas de survie. Si c'est la femme, la somme ou la chose qui constitue le préciput , reste toujours provisoirement au mari, à la charge de donner caution.

Lorsque la dissolution de la communauté arrive du vivant des deux époux par le divorce ou par une séparation, la loi veut que celui qui a obtenu le divorce

ou la séparation conserve ses droits au préciput en cas
de survie. Code Civil, art. 300. Mais, comme c'est
encore un événement incertain, au cas où ce soit la
femme qui ait obtenu le divorce, la somme ou la
chose qui constitue le préciput reste toujours provisoirement au mari, à la charge de donner caution.

Cela est bien dur, dans le cas où le préciput comprend les habits et meubles personnels à la femme. En
sera-t-elle privée jusqu'à la mort de son mari ?

La règle ancienne était plus équitable. Lorsque le
préciput était en espèce, et sur-tout en mobilier personnel, on estimait les meubles qui se trouvaient dans
la communauté; ensuite chacun des conjoints prenait
sur le pied de l'estimation les choses sujettes à son préciput, en les précomptant sur sa part, et à la charge que
lorsqu'il y aurait ouverture au préciput par le décès de l'un
des conjoints, la succession du prédécédé devrait au survivant, sur la part qu'il aurait eu au partage, la moitié
de l'estimation du préciput du survivant.

L'héritier du mari le devait en entier, si la femme
renonçait à la communauté: elle devait avoir le préciput,
même en renonçant.

Cette règle semble devoir être suivie encore lorsque
le préciput comprend les effets personnels des époux ;
la disposition de la loi ne devant s'appliquer qu'au préciput qui y est étranger.

<h2 style="text-align:center">ARTICLE 1519.</h2>

Les créanciers de la communauté ont
toujours le droit de faire vendre les effets
compris dans le préciput, sauf le recours
de l'époux, conformément à l'article 1515.

Lorsque la femme s'est réservé son préciput au cas

où elle renoncerait à la communauté, cela n'empêche
point que les créanciers de la communauté ne puissent
faire vendre les effets compris dans le préciput. Il reste
seulement à la femme, dans le cas où elle a renoncé,
un recours sur les biens personnels du mari.

SECTION VII.

*Des clauses par lesquelles on assigne à chacun
des Époux des parts inégales dans la Communauté.*

ARTICLE 1520.

Les époux peuvent déroger au partage
égal établi par la loi, soit en ne donnant à l'é-
poux survivant ou à ses héritiers, dans la
communauté, qu'une part moindre que la
moitié, soit en ne lui donnant qu'une
somme fixe pour tout droit de communauté, soit en stipulant que la communauté entière, en certain cas, appartiendra
à l'époux survivant, ou à l'un d'eux seulement.

La loi qui laisse aux conjoints le droit de se marier
en communauté, ou d'exclure à leur choix ce régime,
et d'en adopter un autre, doit, par une conséquence
nécessaire, leur donner la faculté, sans exclure entièrement la communauté, de la resserrer ou de l'étendre
à volonté.

Ainsi, quoiqu'en règle générale, les biens de la communauté doivent se partager par moitié, sans avoir
égard à ce que chacun d'eux y a apporté ; on peut y

déroger par des conventions particulières, et stipuler
que l'époux survivant ou ses héritiers n'auront qu'une
part moindre que la moitié, etc., ainsi qu'il est dit dans
cet article.

ARTICLE 1521.

Lorsqu'il a été stipulé que l'époux ou ses
héritiers n'auront qu'une certaine part dans
la communauté, comme le tiers ou le quart,
l'époux ainsi réduit, ou ses héritiers, ne
supportent les dettes de la communauté que
proportionnellement à la part qu'ils prennent dans l'actif.

La convention est nulle si elle oblige
l'époux ainsi réduit, ou ses héritiers, à
supporter une plus forte part, ou si elle
les dispense de supporter une part dans
les dettes, égale à celle qu'ils prennent
dans l'actif.

Dans le cas où l'on a stipulé quelqu'une des conventions mentionnées dans l'article précédent, chacun
doit supporter la même part des dettes que celle qui
lui est assignée dans le partage de l'actif.

Le pacte par lequel on conviendrait que l'un des
conjoints aurait une certaine part dans l'actif de la communauté, et qu'il supporterait une part différente dans
le passif, ou plus grande ou moindre, serait nul. Car,
outre l'injustice que présente une pareille convention,
on pourrait éluder par son moyen les lois qui ne per-
mettent pas que l'un des conjoints, puisse, pendant la
durée du mariage, ou s'avantager aux dépens de l'autre,
ou l'avantager aux siens.

Si la femme n'avait, par exemple, que le tiers de l'actif, et qu'elle dût supporter la moitié des dettes, le mari, en qualité de maître de la communauté, pourrait acquérir des fonds dont il ne paierait pas le prix; et, après la dissolution de la communauté, la femme n'aurait que le tiers du fonds, et serait cependant obligée de payer la moitié de sa valeur.

Dans l'hypothèse contraire, s'il était dit que la femme n'aurait que le tiers de la communauté, et qu'elle ne supporterait qu'une portion moindre des dettes, ou même pas du tout, le mari pourrait avantager sa femme, en acquérant des biens dont il devrait le prix. Car, à la dissolution de la communauté, la femme prendrait sa portion des biens acquis, et ne contribuerait que pour une portion, et même en aucune manière, au prix de ces biens, qui serait encore dû.

Il s'élève un doute à ce sujet, c'est de savoir si la stipulation dont nous parlons est nulle pour le tout, ou seulement pour la partie qui décharge l'époux survivant d'une portion de dettes, moindre que celle de l'actif qui lui est assignée.

La loi ne distingue point, et la déclare nulle pour le tout : c'était d'ailleurs l'ancienne jurisprudence. *Poth. tom.* 1, *part.* 1, *chap.* 3, *art* 8, § 2, *n°* 449. La première partie de la convention est inséparable de la seconde; on suppose que l'époux n'a consenti à renoncer à la totalité de sa portion légale, qu'en considération de l'avantage qu'on lui promettait pour l'acquittement des dettes.

ARTICLE 1522.

Lorsqu'il est stipulé que l'un des époux ou ses héritiers ne pourront prétendre qu'une certaine somme pour tout droit de communauté, la clause est un forfait qui oblige l'autre époux ou ses héritiers à payer la somme convenue, soit que la communauté soit bonne ou mauvaise, suffisante ou non, pour acquitter la somme.

Par une suite de la liberté qu'on a d'arranger la communauté comme on le juge à propos, on peut convenir que l'un des époux ou ses héritiers auront pour tout droit de communauté une certaine somme déterminée.

C'est ce qu'on appelle *forfait de communauté.*

L'effet de cette convention est d'obliger l'autre époux ou ses héritiers de payer la somme convenue, soit que la communauté soit bonne ou mauvaise, suffisante ou non, pour acquitter la somme.

La cession d'un droit de communauté, de même que celle d'un droit de succession, est un contrat aléatoire, dont le résultat est incertain et subordonné aux événemens. Il peut être onéreux comme profitable. Il n'y a donc pas de restitution à intenter.

Si la communauté s'était trouvée opulente, l'époux qui aurait promis le forfait en aurait profité; lorsqu'elle est mauvaise, il doit en supporter la perte. Louet *et* Brod. *L. M. chap.* 4.

ARTICLE 1523.

Si la clause n'établit le forfait qu'à l'égard des héritiers de l'époux, celui-ci, dans le cas où il survit, a droit au partage légal par moitié.

Lorsque le forfait n'est établi qu'à l'égard des héritiers de l'époux, celui-ci, s'il survit, ou si la communauté est dissoute autrement que par la mort, partage également la communauté, et transmet son droit à ses héritiers, s'il décède avant que le partage soit effectué.

Le mari débiteur de la somme convenue envers les héritiers de la femme prédécédée a le droit d'en déduire toutes les créances personnelles que la communauté a contre la femme, soit pour l'acquittement de ses dettes, soit pour les impenses faites à ses biens propres, soit pour la dot constituée en commun, etc.

Si ces dettes excédaient la somme convenue, les héritiers de la femme devraient le surplus.

Mais ils ne doivent rien des dettes de la communauté qui sont à la charge de l'autre époux.

Il n'y a plus de partage de communauté à faire. Louet et Brod. *L. M. som.* 4.

ARTICLE 1524.

· Le mari ou ses héritiers, qui retiennent, en vertu de la clause énoncée en l'art. 1520, la totalité de la communauté, sont obligés d'en acquitter toutes les dettes.

Les créanciers n'ont, en ce cas, aucune action contre la femme ni contre ses héritiers.

Si c'est la femme survivante qui a, moyennant une somme convenue, le droit de retenir toute la communauté contre les héritiers du mari, elle a le choix ou de leur payer cette somme, en demeurant obligée à toutes les dettes , ou de renoncer à la communauté, et d'en abandonner aux héritiers du mari les biens et les charges.

Lorsque c'est le mari qui retient tous les biens de la communauté, à la charge de donner une somme convenue aux héritiers de la femme, il est tenu de toutes les dettes de la communauté; il doit par conséquent payer à la femme ou à ses héritiers, outre la somme convenue, tout ce que la communauté doit à la femme pour ses reprises, remplois, etc., qui sont des dettes de la communauté.

Les créanciers n'ont aucune action contre la femme ou ses héritiers, à moins qu'elle ne fût personnellement obligée; auquel cas elle devrait payer, sauf le recours contre le mari ou ses héritiers.

Quoique la loi permette de stipuler le forfait de communauté à l'égard de l'un ou de l'autre des époux , on voit, par la dernière disposition de cet article, que l'effet de cette stipulation est bien différent, lorsque c'est la femme qui survit ou non. Lorsque c'est le mari qui survit, quelque mauvaise que soit la communauté, il ne peut se dispenser de payer aux héritiers de la femme la somme convenue, franche et quitte des dettes de la communauté, dont il demeure seul chargé.

La femme survivante au contraire, peut bien, si elle trouve la communauté avantageuse, en retenir tous les biens en donnant aux héritiers du mari la somme portée par la convention; mais cette convention ne prive pas la femme du droit de renoncer à la communauté, lorsqu'elle la trouve onéreuse, et de l'abandonner aux héritiers du mari avec toutes ses charges.

C'est là une suite du principe que le mari ne peut renoncer à la communauté dont il est le chef, tandis que la femme a tellement ce pouvoir, qu'elle ne saurait s'en dépouiller par quelque convention que ce soit. Le mari est donc toujours lié par la convention qui établit le forfait de la communauté; la femme ne l'est qu'autant qu'elle accepte la communauté.

ARTICLE 1525.

Il est permis aux époux de stipuler que la totalité de la communauté appartiendra au survivant, ou à l'un d'eux seulement, sauf aux héritiers de l'autre à faire la reprise des apports et capitaux tombés dans la communauté du chef de leur auteur.

Cette stipulation n'est point réputée un avantage sujet aux règles relatives aux donations, soit quant au fonds, soit quant à la forme, mais simplement une convention de mariage et entre associés.

Cet article permet aux époux de stipuler que la totalité de la communauté appartiendra au survivant ou à l'un d'eux seulement. Dans ce cas, les héritiers de celui qui se trouve exclu de toute participation à la communauté n'ont droit de prétendre que la reprise des apports en capitaux tombés dans la communauté du chef de leur auteur.

Ce mot *capitaux*, que la loi emploie ici, n'est pas trop clair, et peut faire naître des doutes. Dès que l'époux survivant ou l'un d'eux seulement doit avoir toute la communauté, il s'ensuit qu'il a droit sur tout ce qui faisait partie de la communauté, soit d'après les règles générales à ce sujet, soit d'après les conventions particulières. Les héritiers de l'époux exclu n'ont

donc à prétendre que ses biens propres et personnels,
dont la communauté jouissait, ou les autres droits qui
doivent en être prélevés, d'après les dispositions ci-dessus : c'est ce qu'on doit entendre par le mot *ca-*
pitaux.

La loi ajoute que cette stipulation ne doit être considérée que comme une convention ordinaire du contrat de mariage et de société, et qu'on est point obligé
d'y suivre les formes prescrites pour les donations.

SECTION VIII.

De la Communauté à Titre universel.

ARTICLE 1526.

Les époux peuvent établir par leur contrat de mariage une communauté universelle de leurs biens, tant meubles qu'immeubles, présens et à venir, ou de tous
leurs biens présens seulement, ou de tous
leurs biens à venir seulement.

C'est encore ici une modification aux règles générales de la communauté, puisqu'on permet aux époux
de faire entre eux une société universelle de tous leurs
biens, et d'y faire entrer par conséquent des espèces
de biens, qui, de leur nature et d'après les règles expliquées ci-dessus, ne doivent pas y entrer de droit.

DISPOSITIONS communes aux huit Sections
ci-dessus.

ARTICLE 1527.

Ce qui est dit aux huit sections ci-dessus,
ne limite pas à leurs dispositions précises

les stipulations dont est susceptible la communauté conventionnelle.

Les époux peuvent faire toutes autres conventions, ainsi qu'il est dit à l'art. 1387, et sauf les modifications portées par les art. 1388, 1389 et 1390.

Néanmoins, dans le cas où il y aurait des enfans d'un précédent mariage, toute convention qui tendrait dans ses effets à donner à l'un des époux au-delà de la portion réglée par l'article 1088, au titre des Donations entre-vifs et des Testamens, sera sans effet pour tout l'excédant de cette portion; mais les simples bénéfices résultant des travaux communs, et des économies faites sur les revenus respectifs, quoique inégaux, des deux époux, ne sont pas considérés comme un avantage fait au préjudice des enfans du premier lit.

La loi déclare ici que tout ce qu'elle a statué précédemment, relativement aux conventions par lesquelles les parties contractantes peuvent déroger aux règles générales de la communauté, est plutôt démonstratif que limitatif; c'est-à-dire, qu'il leur est permis d'en faire d'autres, si elles en imaginent qu'elles croient favorables à leurs intérêts; qu'elles peuvent réunir, séparer, modifier à leur gré celles qui ont été indiquées, pourvu d'ailleurs qu'elles n'aient rien de contraire aux maximes contenues dans les articles 1388, 1389 et 1390 ci-dessus.

Il n'est pas non plus permis aux conjoints, qui ont

des enfans d'un précédent mariage, d'éluder, par les conventions qu'ils feraient entre eux, la disposition de l'article 1090 du Code Civil, qui défend à l'homme et à la femme, ayant des enfans d'un autre lit, de donner à son nouveau conjoint une portion de ses biens autre que celle du moins prenant des enfans du premier lit. *Voyez* nos observations sur l'art. 1496.

ARTICLE 1528.

La communauté conventionnelle reste soumise aux règles de la communauté légale, pour tous les cas auxquels il n'y a pas été dérogé implicitement ou explicitement par le contrat.

Toutes les fois qu'il n'y a pas de conventions particulières, ou que ces conventions sont nulles ou inexécutables, il faut en revenir aux règles générales de la communauté.

Il faut même avoir attention de restreindre les conventions et les clauses particulières aux cas pour lesquels elles ont été faites, et en revenir aux règles générales pour ceux sur lesquels il n'a rien été statué.

SECTION IX.

Des Conventions exclusives de la Communauté.

ARTICLE 1529.

Lorsque, sans se soumettre au régime dotal, les époux déclarent qu'ils se marient sans communauté, ou qu'ils seront séparés de biens, les effets de cette stipulation seront réglés comme il suit.

On peut convenir, dans le contrat de mariage, qu'il n'y aura pas de communauté de bien entre les conjoints; c'est ce qu'on appelle la clause d'exclusion de communauté. Mais si les conjoints, en excluant la communauté, ne déclarent pas se soumettre au régime dotal, ils restent dans un régime intermédiaire, auquel on n'a pas jugé à propos de donner de nom, quoique ce ne soit, dans le fond, que le régime dotal, sauf l'aliénation des biens dotaux, qui y est permise, tandis qu'elle ne l'est point dans le régime qualifié dotal.

§. I.

De la Clause portant que les Epoux se marient sans Communauté.

ARTICLE 1530.

La clause portant que les époux se marient sans communauté ne donne point à la femme le droit d'administrer ses biens, ni d'en percevoir les fruits : ces fruits sont censés apportés au mari pour soutenir les charges du mariage.

Ce sont ici les règles qu'on doit suivre dans le régime intermédiaire entre celui de la communauté et celui de la dot, et qui n'est autre chose que l'ancien régime dotal du pays coutumier, qui ne différait de celui d'une partie des pays de droit écrit, que sur l'article de l'aliénation des biens dotaux.

Comme nous expliquerons plus au long les règles du régime dotal sur le chapitre III ci-dessous, nous ne nous y étendrons pas beaucoup ici, pour ne pas tomber dans des redites.

Ce premier article est exactement applicable au régime dotal proprement dit.

ARTICLE 1531.

Le mari conserve l'administration des biens-meubles et immeubles de la femme, et, par suite, le droit de percevoir tout le mobilier qu'elle apporte en dot, ou qui lui échoit pendant le mariage, sauf la restitution qu'il en doit faire après la dissolution du mariage, ou après la séparation de biens qui serait prononcée par justice.

C'est encore là une règle du régime dotal, sur laquelle nous nous étendrons plus bas.

ARTICLE 1532.

Si, dans le mobilier apporté en dot par la femme, ou qui lui échoit pendant le mariage, il y a des choses dont on ne peut faire usage sans les consommer, il en doit être joint un état estimatif au contrat de mariage, où il doit en être fait inventaire lors de l'échéance, et le mari en doit rendre le prix d'après l'estimation.

C'est encore une règle du régime dotal proprement dit.

ARTICLE 1533.

Le mari est tenu de toutes les charges de l'usufruit.

La même obligation est imposée au mari dans le régime dotal, et même dans celui de la communauté, quant aux propres de la femme. (Art. 1428.) C'est que, dans le vrai, les propres de la femme ne sont que des biens dotaux.

ARTICLE 1534.

La clause énoncée au présent paragraphe ne fait point obstacle à ce qu'il soit convenu que la femme touchera annuellement sur ses seules quittances, certaine portion de ses revenus pour son entretien et ses besoins personnels.

Une pareille réserve pourrait être faite en faveur de la femme, dans le régime de la communauté sur les revenus de ses propres, comme dans celui de la dot.

ARTICLE 1535.

Les immeubles constitués en dot, dans le cas du présent paragraphe, ne sont point aliénables.

Néanmoins ils ne peuvent être aliénés sans le consentement du mari, et, à son refus, sans l'autorisation de la justice.

C'est ici précisément ce qui constitue la différence du régime dotal intermédiaire et du régime dotal proprement dit. Si les époux, en excluant la communauté, ne déclarent pas se soumettre au régime dotal proprement dit, ils sont censés se marier sous ce régime dotal intermédiaire, qui était celui de l'ancien droit coutumier, et dans lequel les femmes pouvaient aliéner leurs biens dotaux avec le consentement de leurs maris.

Au reste, tout ce qu'on a dit ci-dessus, concernant l'aliénation des propres de la femme, sur la récompense qu'elle est en droit d'exiger à cet égard sur les biens de son mari, s'applique naturellement ici. (Art. 1428, 1431, 1470.)

Les biens propres de la femme sont régis comme les biens dotaux.

§. II.

De la Clause de Séparation de Biens.

ARTICLE 1536.

Lorsque les époux ont stipulé par leur contrat de mariage qu'ils seraient séparés de biens, la femme conserve l'entière administration de ses biens-meubles et immeubles, et la jouissance libre de ses revenus.

On peut convenir par le contrat de mariage, non seulement qu'il n'y aura pas de communauté entre les époux, mais encore que chacun d'eux jouira séparément de ses biens. On appelle cette convention clause de séparation.

Elle a cela de plus que la simple exclusion de communauté, qu'elle prive le mari de la jouissance et de l'administration des biens de la femme. C'est à elle que cette jouissance et cette administration appartiennent : elle a en conséquence le droit de recevoir les revenus de ses biens, de faire les baux à loyer ou à ferme, et généralement tous les actes d'une simple administration, sans avoir besoin, pour tous ces actes, de l'autorisation de son mari.

La séparation peut être stipulée pour les propres de la femme ou du mari, sous le régime de la communauté ; les revenus de ces propres n'en font point alors partie.

ARTICLE 1537.

Chacun des époux contribue aux charges du mariage, suivant les conventions contenues en leur contrat ; et, s'il n'en existe point à cet égard, la femme contribue à ces charges jusqu'à concurrence du tiers de ses revenus.

Lorsque les époux ont stipulé la séparation de biens, et que la femme jouit séparément des siens, il faut qu'elle contribue comme son mari aux charges du ménage et à l'entretien de la maison. Si elle s'y refusait, le mari pourrait l'y faire condamner.

La loi dit que chacun des époux y contribuera ; cela va sans dire pour le mari, qui, étant le chef de la maison, est chargé spécialement de la dépense. Il ne peut y avoir de doute que quant à la portion de la femme, qui vient en supplément de celle du mari.

Les époux fixent pour l'ordinaire la proportion dans laquelle cette contribution doit se faire. Autrefois, lorsqu'il n'y avait pas de convention à cet égard, les tribunaux fixaient la proportion dans laquelle la femme devait contribuer, suivant sa qualité et ses facultés.

L'article actuel dit qu'à défaut de convention, la femme contribuera aux dépenses de la maison jusqu'à concurrence du tiers de ses revenus ; mais c'est dans la supposition sans doute que le mari aura de quoi fournir au restant ; car s'il n'en avait pas, il faudrait bien que la femme y suppléât.

L'article 1448 ci-dessus, qui statue dans le cas d'une séparation prononcée par la justice, le dit bien précisément : l'effet des deux séparations doit être le même ; car la seule différence qu'il y a entre elles, c'est que la séparation judiciaire peut cesser par le consentement des conjoints qui rentrent alors en communauté, ou sous le régime dotal, tandis que la conventionnelle ne peut être changée pendant la durée du mariage.

ARTICLE 1538.

Dans aucun cas, ni à la faveur d'aucune stipulation, la femme ne peut aliéner ses immeubles sans le consentement spécial de son mari, ou, à son refus, sans être autorisé par justice.

Toute autorisation générale d'aliéner les immeubles donnés à la femme, soit par contrat de mariage, soit depuis, est nulle.

C'est ici ce qui distingue le régime dotal intermédiaire et le régime dotal proprement dit. Sous le premier, les biens de la femme ne sont point inaliénables ; mais cependant ils ne peuvent être vendus ou hypothéqués par la femme sans l'autorisation spéciale du mari, ou, à défaut, sans celle de la justice.

On dit une autorisation spéciale, et donnée dans le contrat même où l'aliénation se fait ; car l'autorisation générale contenue dans le contrat de mariage ou dans un autre, serait regardée comme non avenue, attendu que l'effet en serait de rendre la femme indépendante et de la soustraire, contre le vœu de la loi, à la puissance maritale.

La femme, au lieu de se réserver la jouissance séparée de la totalité de ses biens, peut s'en réserver seulement une partie. Les économies qu'elle fait sur cette jouissance ne tombent pas en communauté, puisque les revenus des propres pour lesquels on a stipulé la séparation, n'en font pas partie.

ARTICLE 1539.

Lorsque la femme séparée a laissé la jouissance de ses biens à son mari, celui-ci n'est tenu, soit sur la demande que sa femme pourrait lui faire, soit à la dissolution du mariage, qu'à la représentation des fruits existans, et il n'est point comptable de ceux qui ont été consommés jusqu'alors.

Il arrive quelquefois que la femme séparée de biens en laisse l'administration et même la jouissance à son mari. En ce cas, si la femme veut rentrer dans cette jouissance et reprendre l'administration, ou si le mariage vient à être dissous, le mari ne doit aucun compte des fruits perçus et consommés; il doit seulement représenter et restituer les fruits existans.

La femme est censée avoir retiré le surplus des mains de son mari, ou lui en avoir indiqué l'emploi.

CHAPITRE III.

Du Régime dotal.

ARTICLE 1540.

La dot, sous ce régime comme sous celui du chapitre II, est le bien que la femme apporte au mari pour supporter les charges du mariage.

Cet article confirme tout ce que nous avons dit précédemment sur l'identité du régime dotal des pays coutumiers et des pays de droit écrit. On donne ici la même définition de la dot pour un régime que pour l'autre; c'était d'ailleurs celle du droit romain. *Leg. 7, princ. Leg.* 46, §. 1. *Leg.* 76, *ff. de jur. dot. Leg.* 20, *Cod. eod.*

Les anciens Jurisconsultes, qui avaient voulu chercher une différence entre la dot des pays coutumiers et celle des pays de droit écrit, n'en avaient trouvé de réelle, que dans la faculté d'aliéner les biens dotaux, permise dans les uns, interdite dans les autres. Encore la règle n'était pas uniforme, y ayant des coutumes où la dot était inaliénable et des pays de droit écrit, tels que ceux du ressort du parlement de Paris, où on pouvait l'aliéner.

La communauté même, lorsque la femme y renonçait, et qu'elle avait stipulé la reprise de ses apports, se transformait en régime dotal; la femme reprenait tous ses biens comme dotaux. Voyez *le Journal du Palais, tom.* 1 *, pag.* 799 *et suiv.*; et *Traité du contrat de mariage, pag.* 615.

ARTICLE 1541.

Tout ce que la femme se constitue ou qui lui est donné en contrat de mariage est dotal, s'il n'y a stipulation contraire.

C'est encore ici un trait de ressemblance entre les deux régimes dotaux.

Tous les biens qu'une femme a en sa possession, et

tous ceux qui lui aviennent pendant la durée du mariage, sont dotaux en ce sens, que le mari en a la jouissance et l'administration, à moins qu'il n'y ait clause de séparation de biens. Mais les biens dotaux de la femme ne sont inaliénables qu'autant que les époux ont déclaré se marier sous le régime dotal.

SECTION PREMIÈRE.

De la Constitution de Dot.

ARTICLE 1542.

La constitution de dot peut frapper tous les biens présens et à venir de la femme, ou tous ses biens présens seulement, ou une partie de ses biens présens et à venir, ou même un objet individuel.

La constitution, en termes généraux, de tous les biens de la femme ne comprend pas les biens à venir.

D'après ce que nous avons dit précédemment, on comprendra plus facilement le sens de celui-ci, qui, sans ces explications préliminaires, ne laisserait pas de présenter quelque obscurité, lorsqu'il dit que la constitution de dot *peut frapper tous les biens présens et à venir de la femme, ou tous ses biens présens, etc.*

La constitution de tous les biens en général ne comprend que les biens présens.

Cela ne signifie autre chose, sinon que la femme peut par son contrat de mariage constituer dotaux tous ses biens présens ou à venir, ou seulement les biens présens, ou un objet individuel, ou stipuler que les biens présens seront seulement dotaux, et non les biens à venir.

L'effet d'une pareille stipulation sera de donner à la femme la jouissance ou l'administration des biens non constitués dotaux, comme on verra ci-dessous, art. 1574.

Elle sera alors dans la même position où elle se trouve dans le régime dotal intermédiaire, lorsque la clause de séparation de biens est stipulée. Art. 1536 ci-dessus.

Il aurait été plus simple et plus clair de faire de l'inaliénabilité de la dot l'objet d'une exception particulière. On aurait eu des règles communes alors pour les deux régimes dotaux, et on n'aurait pas été obligé de répéter les mêmes dispositions pour chacun, qui étant identiques dans le fond, mais différentes dans les expressions, peuvent faire croire aux gens peu versés dans ces matières, qu'il y a quelque différence entre des régimes qui se ressemblent exactement.

ARTICLE 1543.

La dot ne peut être constituée, ni même augmentée, pendant le mariage.

C'est une répétition de la maxime ci-dessus, qu'on ne peut faire pendant la durée du mariage, aucun changement dans les conventions matrimoniales. *Voyez* ci-dessus art. 1595.

ARTICLE 1544.

Si les père et mère constituent conjointement une dot, sans distinguer la part de chacun, elle sera censée constituée par portions égales.

Si la dot est constituée par le père seul, pour droits paternels et maternels, la mère, quoique présente au contrat, ne sera point engagée, et la dot demeurera en entier à la charge du père,

C'est encore la répétition de la maxime énoncée dans l'art. 1438 et suiv. ci-dessus. *Voyez* ce que nous y avons dit.

ARTICLE 1545.

Si le survivant des père ou mère constitue une dot pour biens paternels et maternels, sans spécifier les portions, la dot se prendra d'abord sur les droits du futur époux dans les biens du conjoint prédécédé, et le surplus sur les biens du constituant.

Lorsque le père ou la mère a prédécédé, et que le survivant constitue une dot à un de ses enfans pour biens paternels et maternels, la dot se prend d'abord sur les biens, ou sur la portion héréditaire que l'enfant a à prétendre sur la succession du conjoint prédécédé, et le restant sur les biens du survivant qui constitue la dot.

C'est une règle toute simple et qui ne saurait donner lieu à difficulté.

ARTICLE 1546.

Quoique la fille dotée par ses père et mère ait des biens à elle propres dont ils jouissent, la dot sera prise sur les biens des constituans, s'il n'y a stipulation contraire.

Cet article semble apporter une exception à la règle établie dans le précédent. Il n'est pas aisé à comprendre.

On vient de voir en effet que lorsque le père ou la

mère survivant constitue une dot, tant pour droits paternels que maternels, on applique d'abord cette constitution sur la portion héréditaire, que l'enfant a à prétendre
sur la succession du prédécédé.

Ici on suppose sans doute que la dot est constituée
par les père et mère vivans et présens. Dans ce cas,
cette dot ne doit pas se prendre sur les biens propres
de l'enfant, dont les père et mère jouissent, mais sur
les biens des constituans, à moins que le contrat ne
dise le contraire.

Mais la mère ne peut jouir des biens des enfans
qu'à défaut du père. Il faut donc que la constitution
dont il est parlé dans cet article puisse être faite par le
père et la mère, ensemble ou à défaut l'un de l'autre ;
et alors cet article se trouve en opposition avec le précédent, où la dot constituée par le père ou la mère
survivant, doit se prendre sur les biens que l'enfant
a à prétendre dans la succession du prédécédé, et dont
le père ou la mère survivant a la jouissance d'après
l'art. 384 du Code Civil.

ARTICLE 1547.

Ceux qui constituent une dot sont tenus
à la garantie des objets constitués.

C'est la répétition de l'article 1440 ci-dessus.

Il est essentiel de rappeler ici que, suivant la disposition de la loi du 26 ventose, sur le mariage (Code
Civil, art. 204), l'enfant n'a pas d'action contre ses
père et mère, pour un établissement par mariage ou
autrement. Autrefois, en pays de droit écrit, le père
était obligé, en certain cas, de doter sa fille lorsqu'elle
venait à se marier. Il ne lui doit plus aujourd'hui que
des alimens.

ARTICLE 1548.

Les intérêts de la dot courent de plein droit du jour du mariage, contre ceux qui l'ont promise, encore qu'il y ait terme pour le paiement, s'il n'y a stipulation contraire.

La règle était différente autrefois. Quand on avait donné terme pour le paiement de la dot, les intérêts ne couraient que du jour de l'échéance de chaque terme, à moins que le contrat ne le portât autrement. Aujourd'hui les intérêts courront malgré les termes, à moins qu'il n'y ait stipulation contraire.

Cette règle est applicable aux deux régimes dotaux, et même à celui de la communauté.

SECTION II.

Du Droit du Mari sur les Biens dotaux, et de l'Aliénabilité du Fonds dotal.

ARTICLE 1549.

Le mari seul a l'administration des biens dotaux pendant le mariage.

Il a seul le droit d'en poursuivre les débiteurs et détenteurs, d'en percevoir les fruits et les intérêts, et de recevoir le remboursement des capitaux.

Cependant il peut être convenu par le contrat de mariage, que la femme touchera annuellement, sur ses seules quittances, une partie de ses revenus pour son entretien et ses besoins personnels.

On voit que le mari n'a, sous le régime qu'on appelle dotal, que les mêmes droits sur les biens de sa femme, qui lui sont attribués sur les propres de sa femme, sous le régime de la communauté (art. 1428 ci-dessus), et dans le cas de l'exclusion de communauté, quand il n'y a pas clause de séparation de biens. (Art. 1531 ci-dessus.)

Les droits du mari, quant à l'administration et jouissance des biens personnels de la femme, sont les mêmes. Nous verrons plus bas que les obligations et les charges ne sont pas différentes.

La fin de l'article est la répétition du 1526 ci-dessus.

ARTICLE 1550.

Le mari n'est pas tenu de fournir caution pour la réception de la dot, s'il n'y a pas été assujetti par le contrat de mariage.

En général, on ne peut obliger un mari de donner caution pour la sûreté de la dot qu'on a promis de lui compter, lorsqu'à l'échéance du paiement, sa fortune est encore ce qu'elle était à l'époque du mariage. Il a dû calculer sur cette somme, faire en conséquence un établissement de commerce ou autre quelconque. On lui causerait inévitablement du dommage, si on dérangeait ses projets, en exigeant un cautionnement souvent impossible et toujours inconvenant. *Leg.* 1 *, cod. de fid. dot. dand. Leg.* 30 *, ff. de usu et usufr.* Molin. *de usur. quaest.* 32, n° 264.

La loi ne le permet point, à moins qu'on n'en ait fait une des conditions du contrat de mariage.

Si cependant, à l'époque du paiement, la fortune du mari se trouvait dérangée, le débiteur de la dot serait en droit de prendre des précautions pour sa sûreté.

La femme, en pareil cas, peut demander la séparation et la restitution de la dot qui a été payée. A plus forte raison, on ne doit pas être contraint de compter celle qui ne l'était pas.

Ces règles s'appliquent à tous les régimes.

ARTICLE 1651.

Si la dot ou partie de la dot consiste en objets mobiliers mis à prix par le contrat, sans déclaration que l'estimation n'en fait pas vente, le mari en devient propriétaire, et n'est débiteur que du prix donné au mobilier.

On peut donner en dot toutes les choses qui sont dans le commerce. La dot consiste donc, ou en immeubles, ou en meubles, ou en argent comptant. Si elle consiste en immeubles ou en effets mobiliers, ou on les estime à une certaine valeur, ou bien on les donne sans estimation.

Autrefois l'estimation qu'on en faisait, en transportait la propriété au mari, de manière qu'il ne devenait plus débiteur de la chose, mais seulement du prix de l'estimation. *Leg.* 10, §. 1, *ff. de jur. dot. Leg.* 10, *Cod. eod.* d'Aguess. *plaid.* 20 ; mais dans le Code civil, on a établi une règle différente pour les meubles et pour les immeubles.

S'il s'agit d'effets mobiliers donnés avec estimation et sans qu'on ait ajouté la déclaration que l'estimation n'en fait pas vente, le mari en devient propriétaire, et il n'est débiteur que du prix donné au mobilier ; mais si le contrat contenait la déclaration que l'estimatiou n'en fait pas vente, le mari serait tenu de restituer le mobilier en l'état où il se trouverait à l'époque de la dissolution du mariage. Il ne serait responsable que des dégradations ou des pertes arrivées par sa faute.

Il est quelquefois de l'intérêt du mari que les effets dotaux ne soient point estimés : car si ce sont des animaux tels que des bœufs, des chevaux, etc., et qu'ils viennent à périr, c'est la femme qui en supporte la perte. Elle serait pour le compte du mari, s'il y avait eu une estimation : cette règle admet des exceptions dans le cas sur-tout où la femme n'a pas exigé de clause de séparation de biens.

Si les effets mobiliers de la femme sont des choses qui se consomment par l'usage, comme du blé, du vin, de l'huile, etc., le mari en est toujours censé acheteur ; il en doit la valeur à l'époque où elles lui ont été livrées. *Leg.* 42, *ff. de jur. dot.* et *ibi* Gotofr.

ARTICLE 1552.

L'estimation donnée à l'immeuble constitué en dot n'en transporte point la propriété au mari, s'il n'y en a déclaration expresse.

On a vu sur l'article précédent, que l'estimation donnée aux meubles en transporte la propriété au mari, à moins qu'il n'y ait une déclaration contraire dans le contrat de mariage. C'est l'opposé pour les immeubles ; l'estimation qu'on en fait dans le contrat n'en donne la propriété au mari qu'autant que cela y est dit expressément.

Autrefois, par le seul fait de l'estimation, le mari était le maître du fonds dotal. Il pouvait le vendre, l'aliéner s'il le trouvait bon ; la femme n'avait que la valeur estimative à répéter. Son hypothèque pour le prix de ses immeubles datait du jour du contrat de mariage. Il en serait de même aujourd'hui, d'après les dispositions du Code sur les hypothèques.

Mais la femme avait encore dans l'ancienne jurisprudence une hypothèque judiciaire sur le fonds dotal estimé et aliéné par le mari ; de manière que si le mari se trouvait insolvable et n'avait pas de quoi rembourser la valeur estimative du fonds dotal de sa femme, celle-ci avait, malgré l'estimation et le transport de propriété qu'elle avait opéré en la personne du mari, le droit d'y exercer son recours entre les mains du tiers-acquéreur, non pas pour reprendre le fonds, mais pour s'y payer de la valeur à laquelle il avait été estimé. *Leg.* 10, §. 1, *ff. de jur. dot. Leg.* 10, *cod. eod.* d'Aguess. *ploid.* 20.

Le Code Civil n'a pas prévu cette difficulté. Le droit de la femme devrait être le même aujourd'hui qu'autrefois.

ARTICLE 1553.

L'immeuble acquis des deniers dotaux n'est pas dotal, si la condition de l'emploi n'a été stipulée par le contrat de mariage.

Il en est de même de l'immeuble donné en paiement de la dot constituée en argent.

Les biens acquis de l'argent de la dot, ne sont pas pour cela dotaux : car il est certain que, d'après les règles du droit, le propriétaire d'une somme d'argent ne devient pas propriétaire de la chose achetée avec cet argent. *Leg.* 12, *Cod. de jur. dot.* Quelque grand que soit le privilége de la dot, il n'y a pas d'exception pour elle à cet égard, à moins que la condition de l'emploi n'ait été stipulée par le contrat de mariage. On exceptait encore autrefois le cas où le mari déclarait qu'il achetait des denrées de la femme, et que celle-ci acceptait l'acquisition par un acte exprès. *D'aguess. plaid.* 27. *Voyez* art. 1435 ci-dessus.

Il en est de même lorsque celui qui a constitué une dot en argent, donne un immeuble en paiement de la somme promise. Cet immeuble ne devient pas pour cela dotal : la conséquence de ces principes est que la femme, dans les deux cas, n'a que la somme promise ou comptée à réclamer, et les immeubles qui la remplaçaient ne participent point au privilége de l'inaliénabilité accordée aux immeubles véritablement dotaux. Le mari en était propriétaire et en avait la libre disposition, sauf les droits de la femme pour les deniers employés à leur acquisition.

ARTICLE 1554.

Les immeubles constitués en dot ne peuvent être aliénés ou hypothéqués pendant le mariage, ni par le mari, ni par la femme, ni par les deux conjointement, sauf les exceptions qui suivent.

C'est ici la seule différence qu'il y a entre le régime dotal en général et celui introduit par le Code Civil. Dans le premier, la femme, même avec le consentement de son mari, peut aliéner ou hypothéquer ses biens dotaux, elle ne le peut pas dans le dernier.

C'était là une sage prévoyance que la loi romaine avait eue pour empêcher que l'on ne profitât de la faiblesse des femmes pour les réduire à l'indigence, et sur-tout pour conserver aux enfans dans la dot de leur mère une dernière ressource contre la prodigalité ou l'infortune de leur père.

Un grand nombre de législations modernes s'étaient conformées à ces vues équitables de la loi romaine ; dans d'autres on les avait négligées ou modifiées, comme nous l'avons dit dans nos observations préliminaires.

On voit par ce qui est dit ici, que l'aliénation du fonds dotal est nulle, soit qu'elle ait été faite par le mari ou la femme conjointement, soit qu'elle ait été faite séparément.

ARTICLE 1555.

La femme peut, avec l'autorisation de son mari, ou, sur son refus, avec la permission de justice, donner ses biens dotaux pour l'établissement des enfans qu'elle aurait d'un mariage antérieur ; mais, si elle n'est autorisée que par la justice, elle doit réserver la jouissance à son mari.

Malgré la prohibition que faisait la loi romaine d'aliéner les biens dotaux de la femme, elle avait apporté, en certains cas urgens et favorables, des exceptions à la sévérité de ces règles.

Le Code Civil en a fait de même. On trouve ici une des exceptions qu'il a établies ; c'est le cas où une femme remariée aurait à établir un enfant d'un premier lit. On lui permet d'aliéner ses biens dotaux pour fournir aux frais de cet établissement.

Mais la femme, pour faire cette aliénation, a besoin de l'autorisation de son mari, et, à défaut, de celle de la justice. Si elle n'est autorisée que par la justice, elle doit, en aliénant ses biens dotaux, réserver à son mari la jouissance que la constitution dotale lui avait transférée. Si au contraire le mari avait autorisé l'aliénation, il serait censé avoir par là renoncé aux fruits des biens dotaux, dont il avait droit de jouir.

ARTICLE 1556.

Elle peut aussi, avec l'autorisation de son mari, donner ses biens dotaux pour l'établissement de leurs enfans communs.

Si la femme peut, même en cas de refus de l'autorisation du mari, mais avec celle de la justice, doter des enfans d'un premier lit, elle le peut, à plus forte raison, pour doter des enfans communs.

La loi exige ici, pour constituer cette dot, l'autorisation du mari : mais il me semble que ce n'est pas ici proprement une aliénation ; c'est une donation en avancement d'hoirie que la mère fait à ses enfans. Tout ce que le mari peut exiger, c'est que, par cette donation, on ne le prive pas de la jouissance des biens dotaux, et son autorisation ne peut être nécessaire que pour lui ôter cette jouissance.

Voyez ci-dessus art. 1438 et 1439.

ARTICLE 1557.

L'immeuble dotal peut être aliéné lorsque l'aliénation en a été permise par le contrat de mariage.

Cet article est sans doute une distraction échappée dans la rédaction du Code. Le régime dotal n'est en effet imaginé que pour empêcher l'aliénation de la dot, et cette aliénation est permise lorsque le contrat ne porte point la clause de *soumission au régime dotal.*

Quand on veut que la dot soit aliénable, il n'y a qu'à ne pas insérer cette clause dans le contrat; mais si on l'insère, on ne peut ajouter ensuite que l'aliénation des biens dotaux sera permise.

Car, en se soumettant au régime dotal, les conjoints sont censés convenir que les biens dotaux seront inaliénables; ils contrarieraient cette clause en y ajoutant la permission d'aliéner. Ce serait dire à la fois oui et non.

ARTICLE 1558.

L'immeuble dotal peut encore être aliéné avec permission de justice, et aux enchères, après trois affiches,

Pour tirer de prison le mari ou la femme;

Pour fournir des alimens à la famille dans les cas prévus par les art. 203, 205 et 206, au titre du Mariage.

Pour payer les dettes de la femme ou de ceux qui ont constitué la dot, lorsque ces dettes ont une date certaine antérieure au contrat de mariage;

. Pour faire de grosses réparations indispensables pour la conservation de l'immeuble dotal;

Enfin, lorsque cet immeuble se trouve indivis avec des tiers, et qu'il est reconnu impartageable.

Dans tous ces cas, l'excédant du prix de la vente au-dessus des besoins reconnus restera dotal, et il en sera fait emploi comme tel au profit de la femme.

Toutes les exceptions dont cet article fait mention, et dans le cas desquelles les biens dotaux de la femme peuvent être aliénés, étaient admises dans l'ancienne jurisprudence.

On lui permettait cette aliénation, non seulement pour tirer son mari de prison ou de captivité, mais encore son père. Voyez *l'ordonn. de la marine de* 1681, *tit.* 6, art. 12. *Leg.* 73, *ff. de jur. dot. Leg.* 1, *ff. de fund. dotal.*

Dans tous ces cas, l'acquéreur du fonds dotal doit, pour sa sûreté, veiller à l'emploi des deniers, et en avoir les preuves, autrement la femme pourrait se faire restituer.

On ajoute, à la fin de l'article, que l'excédant du prix de la vente restera dotal, et qu'il en sera fait emploi comme tel au profit de la femme.

Mais on ne doit aliéner les biens dotaux, autant qu'il est possible, que jusqu'à concurrence des besoins qui l'exigent. Quant au remploi de l'excédant, on doit y suivre les règles des art. 1434 et suivans ci-dessus.

ARTICLE 1559.

L'immeuble dotal peut être échangé, mais, avec le consentement de la femme, contre un autre immeuble de même valeur, pour les quatre cinquièmes au moins, en justifiant de l'utilité de l'échange, en obtenant l'autorisation en justice, et d'après une estimation par experts nommés d'office par le tribunal.

Dans ce cas, l'immeuble reçu en échange sera dotal ; l'excédant du prix, s'il y en a, le sera aussi, et il en sera fait emploi comme tel au profit de la femme.

On permet non seulement d'aliéner les biens dotaux, lorsque les circonstances l'exigent, mais encore de les échanger, quand il peut y avoir de l'avantage pour la femme. Mais comme l'échange peut n'être qu'une affaire de convenance, et qu'il n'est pas l'effet de la nécessité, comme l'aliénation, on doit y suivre scrupuleusement les formes prescrites par cet article.

ARTICLE 1560.

Si, hors les cas d'exception qui viennent d'être expliqués, la femme ou le mari, ou tous les deux conjointement, aliènent le fonds dotal, la femme ou ses héritiers pourront faire révoquer l'aliénation après la dissolution du mariage, sans qu'on puisse leur opposer aucune prescription pendant sa durée : la femme aura le même droit après la séparation de biens.

Le mari lui-même pourra faire révoquer l'aliénation pendant le mariage, en demeurant néanmoins sujet aux dommages et intérêts de l'acheteur, s'il n'a pas déclaré dans le contrat que le bien vendu était dotal.

Toutes ces règles sont encore prises de l'ancienne jurisprudence, et ont été originairement puisées dans le droit romain.

L'aliénation des biens dotaux de la femme, qui a

été faite sans nécessité, est nulle. La femme ou ses héritiers, après la dissolution du mariage, ou après une séparation prononcée en justice, ont droit de faire révoquer cette aliénation. Nulle prescription ne court contre elle pendant la durée du mariage.

Le mari lui-même peut attaquer l'aliénation à laquelle il a consenti, ou qu'il a faite tout seul. Il n'est tenu de garantie envers l'acquéreur qu'autant qu'il lui aurait caché que le fonds vendu était dotal. Il ne lui doit autrement que la restitution du prix qu'il a reçu.

Le mari, héritier de sa femme, doit cependant entretenir la vente du fonds dotal qu'il a faite, quoique nulle dans son principe. *Leg.* 42, *ff. de usurpat. et usucap.*

La séparation de biens entre mari et femme ne change rien aux lois sur l'aliénation du fonds dotal. Il reste inaliénable jusqu'à la dissolution réelle du mariage. *Leg.* 29, *cod. de jur. dot.*

Il nous reste à rappeler à cet égard que la loi *julia*, en déclarant d'abord la dot inaliénable, ne s'était point expliquée sur la validité des obligations que la femme pourrait contracter, et qui, en hypothéquant ses biens dotaux, en feraient une aliénation indirecte. Le sénatus consulte Velléien y avait pourvu, ainsi que nous avons déjà dit plus haut, en déclarant nulles les obligations passées par des femmes en faveur de leurs maris ou des tiers; mais on avait toujours distingué les dispositions de la loi *julia* d'avec celles du sénatus consulte Velléien, de manière que l'abrogation des unes n'emportait pas toujours celle des autres.

Le Code Civil paraît les avoir réunies en prohibant aux conjoints mariés sous le régime dotal, d'aliéner et d'hypothéquer les biens dotaux de la femme.

Mais cette prohibition s'étend-elle aux obligations purement personnelles de la femme, qu'elle aurait con-

tractées avec l'autorisation de son mari? Cela faisait des
doutes autrefois dans les pays même de droit écrit ; car
une femme n'était point considérée comme incapable
de s'obliger personnellement, pourvu que ce ne fût pas
pour cautionner son mari ou des tiers.

Aujourd'hui l'obligation purement personnelle ne
pourrait être valable même quand elle aurait été contractée avec l'autorisation du mari ; en vertu de cette
obligation, le créancier pourrait prendre hypothèque sur
les biens de la femme, que la loi lui défend d'hypothéquer.

ARTICLE 1561.

Les immeubles dotaux non déclarés aliénables par le contrat de mariage, sont im-
prescriptibles pendant le mariage, à moins
que la prescription n'ait commencé auparavant.

Ils deviennent néanmoins prescriptibles
après la séparation de biens, quelle que soit
l'époque à laquelle la prescription a commencé.

C'est ici la question de savoir si la prescription court
contre la femme relativement à ses biens constitués
sous le régime dotal. Le Code Civil décide, en règle
générale, que la prescription contre la femme mariée,
encore qu'il n'y ait pas de séparation convenue ou ordonnée en justice, à l'égard des biens dont le mari a
l'administration, sauf son recours contre le mari. (Art.
2248.)

Ainsi la prescription court à l'égard de la femme
pour ses propres sous le régime de la communauté, et
pour ses biens dotaux sous le régime dotal intermé-

diaire; mais elle ne court point relativement aux bien
dotaux devenus inaliénables, par l'effet de la soumission
au régime dotal, à moins que la prescription n'eût commencé avant le mariage : elle continue alors ; ce qui est
contraire à l'ancienne jurisprudence, suivant laquelle le
mariage avec constitution dotale suspendait la prescription commencée, qui ne reprenait son cours que lorsque la femme était redevenue libre par la mort de son
mari ou par une séparation de biens.

Aujourd'hui, lorsque cette séparation existe, la prescription qui n'avait pu avoir lieu auparavant, commence à avoir cours. L'article ajoute, *quelle que
soit l'époque à laquelle la prescription a commencé;* disposition qui n'est pas trop claire.

Car l'on a déjà vu que la prescription qui a commencé avant le mariage, n'a pas cessé d'avoir son
effet ; que celle qui n'existait pas ne pouvait commencer tant qu'il n'y avait pas de séparation ; comment
peut-on donc dire qu'en cas de séparation, les biens
deviennent prescriptibles, quelle que soit l'époque à laquelle la prescription a commencé ? On ne peut pas
avoir voulu dire que la séparation arrivant, la prescription qui n'avait pu commencer depuis le mariage,
aurait alors son effet ; mais cela serait absurde. Car, si
pendant le mariage et avant la séparation, il s'était
écoulé un temps suffisant pour opérer la prescription,
la femme qui aurait cru mettre ses biens en sûreté par
une séparation, se trouverait dépouillée par là ; la séparation vivifiant une prescription impuissante sans
elle.

ARTICLE 1562.

Le mari est tenu, à l'égard des biens
dotaux, de toutes les obligations de l'usufruitier.

Il est responsable de toutes prescriptions acquises et détériorations survenues par sa négligence.

Cet article n'est que la répétition des 1425 et 1530 ci-dessus, qui concernent l'administration que le mari a des propres de la femme sous le régime de la communauté, ou de ses biens dotaux sous le régime intermédiaire. Les règles, à cet égard, sont les mêmes pour le régime dotal proprement dit, dont il est question ici. Nous renvoyons à ce que nous avons dit sur les articles indiqués.

D'ailleurs, les obligations du mari, à cet égard, sont suffisamment expliquées, en les comparant à celles de l'usufruitier.

ARTICLE 1563.

Si la dot est mise en péril, la femme peut poursuivre la séparation de biens, ainsi qu'il est dit aux art. 1443 et suivans.

On peut voir, à ce que nous avons dit, sur la séparation de biens, art. 1533 et suiv.

SECTION III.

De la restitution de la Dot.

ARTICLE 1564.

Si la dot consiste en immeubles,

Ou en meubles, non estimés par le contrat de mariage, ou bien mis à prix, avec déclaration que l'estimation n'en ôte pas la propriété à la femme,

Le mari ou ses héritiers peuvent être contraints de la restituer sans délai après la dissolution du mariage.

La dot n'étant établie que pour le soutien des charges du mariage, il est certain qu'elle doit retourner à ceux qui l'ont donnée, ou qu'elle doit être restituée à la femme ou à ses héritiers, quand le mariage est dissous d'une manière quelconque.

Au reste, ce que l'on va dire s'applique aux propres de la femme sous le régime de la communauté, surtout lorsqu'elle y renonce et qu'elle a droit de reprendre, et ensuite aux deux régimes dotaux.

Le Code Civil, au titre des successions, (art 747) admet un droit de retour en faveur des ascendans pour ce qu'ils ont donné à leurs descendans morts sans postérité. En ce cas, la dot provenant d'eux doit leur être restituée.

Il s'agit particulièrement ici de la restitution que le mari doit faire à la femme ou à ses héritiers.

La loi dit que, si la dot consiste en immeubles ou en meubles non estimés par le contrat de mariage, ou bien mis à prix avec déclaration que l'estimation n'en ôte pas la propriété à la femme, le mari ou ses héritiers peuvent être contraints de la restituer sans délai après la dissolution du mariage. Cette règle est tirée du droit romain. *Leg. unic. cod. de rei uxor. action. Leg.* 7, 11, 51, § *ultim. ff. solut. matrim.*

Mais les fruits de la dernière année se partagent à proportion du temps que le mariage a duré, s'il n'y a point de stipulation contraire; car la femme, ou ceux qui doivent la dot pour elle, peuvent stipuler en la donnant, que les fruits de la dernière année appartiendront entièrement à la femme. *Leg.* 31, *ff. de pact. dotal* (ci-dessous, art. 1571.)

ARTICLE 1565.

Si elle consiste en une somme d'argent,

Ou en meubles mis à prix par le contrat, sans déclaration que l'estimation n'en rend pas le mari propriétaire,

La restitution n'en peut être exigée qu'un an après la dissolution.

Lorsque la restitution que le mari ou ses héritiers sont tenus de faire consiste en une somme pécuniaire, on lui donne le délai d'une année pour se procurer cette somme, et ce n'est qu'après ce délai qu'il est tenu de la payer. *Leg. unic. Cod. de rei uxor. action.* Henrys. *tom.* 2, *liv.* 4, *quest.* 9; *et liv.* 4, *chap.* 6, *quest.* 59 *et* 104.

ARTICLE 1566.

Si les meubles dont la propriété reste à la femme ont dépéri par l'usage et sans la faute du mari, il ne sera tenu de rendre que ceux qui resteront, et dans l'état où ils se trouveront.

Et néanmoins la femme pourra, dans tous les cas, retirer les linges et hardes à son usage actuel ; sauf à précompter leur valeur lorsque ses linges et hardes auront été primitivement constitués avec estimation.

Lorsque la propriété des effets mobiliers de la femme n'a pas été transportée au mari par l'effet d'une estimation, la femme les reprend en l'état où ils se trouvent à l'époque de la dissolution du mariage. Le mari n'est responsable de la dégradation qu'ils pourraient avoir éprouvée, qu'autant qu'elle serait arrivée par sa faute.

Cependant, quand même, par l'effet de l'estimation des meubles de la femme, la propriété en aurait été transportée au mari, elle a toujours le droit de retirer les linges et hardes à son usage actuel, sauf d'en déduire la valeur sur celle de l'estimation que le mari est obligé de restituer.

ARTICLE 1567.

Si la dot comprend des obligations ou constitutions de rente qui ont peri, ou souffert des retranchemens qu'on ne puisse imputer à la négligence du mari, il n'en sera point tenu, et il en sera quitte en restituant les contrats.

C'est toujours la même maxime que celle de l'article précédent, que le mari ne répond du dépérissement que peuvent avoir éprouvé les effets dotaux de sa femme, qu'autant qu'il serait arrivé par sa faute.

ARTICLE 1568.

Si un usufruit a été constitué en dot, le mari ou ses héritiers ne sont obligés, à la dissolution du mariage, que de restituer le droit d'usufruit, et non les fruits échus pendant le mariage.

Cette règle est évidente. L'usufruit tenant lieu de dot, tout ce qui a été perçu pendant le mariage ne doit pas être rendu, comme le mari n'est pas tenu de restituer les fruits des biens dotaux qui ont servi au soutien des charges du mariage.

ARTICLE 1569.

Si le mariage a duré dix ans depuis l'échéance des termes pris pour le paiement de la dot, la femme ou ses héritiers pourront la répéter contre le mari après la dissolution du mariage, sans être tenus de prouver qu'il l'a reçue, à moins qu'il ne justifiât de diligences inutilement par lui faites pour s'en procurer le paiement.

Le mari, étant chargé par la constitution dotale de l'administration des biens de la femme, est responsable de la négligence qu'il mettrait dans cette administration, et des suites préjudiciables qu'elle pourrait avoir pour les intérêts de la femme.

Il est tenu encore de faire le recouvrement des sommes constituées en dot; et la loi veut ici que, s'il a laissé passer dix ans après les termes échus, sans en avoir exigé le paiement, la femme ou ses héritiers puissent, après la dissolution, répéter contre lui la restitution de ce qu'il aurait dû recevoir, sans être tenu de prouver qu'il l'a reçu réellement.

Le mari ne pourrait se mettre à couvert, en ce cas, des poursuites de la femme ou de ses héritiers, qu'en justifiant qu'il en aurait fait lui-même d'inutiles et d'infructueuses pour retirer le paiement de la dot, qui lui avait été promise, ou pour se faire payer des créances qui lui avaient été constituées en dot.

Le mari devient donc débiteur de sa femme des

sommes constituées en dot, lorsqu'il a négligé d'en poursuivre le paiement pendant dix ans.

Ces règles tirées de l'ancienne jurisprudence peuvent s'appliquer aux deux régimes dotaux, et même à celui de la communauté, si le mari avait négligé d'exiger une créance mobilière indiquée par la femme, pour entrer dans la communauté. Autrefois la responsabilité du mari cessait à cet égard, lorsque c'était le père qui était débiteur de la dot. On pensait que la femme ne pouvait savoir mauvais gré à son mari, de n'avoir pas poursuivi son propre père en toute rigueur. *Leg* 3, 9, 10, 14, *de impens. in res dot. fact. Leg. unic. Cod. de rei uxor. act,*

ARTICLE 1570.

Si le mariage est dissous par la mort de la femme, l'intérêt et les fruits de la dot à restituer courent de plein droit au profit de ses héritiers depuis le jour de la dissolution.

Si c'est par la mort du mari, la femme a le choix d'exiger les intérêts de sa dot pendant l'an de deuil, ou de se faire fournir des alimens pendant ledit temps, aux dépens de la succession du mari ; mais, dans les deux cas, l'habitation durant cette année, et les habits de deuil, doivent lui être fournis sur la succession, et sans imputation sur les intérêts à elle dus.

Lorsque le mariage est dissous par la mort de la femme, l'intérêt des sommes mobilières et les fruits des immeubles constitués en dot courent de plein droit au profit de ses héritiers, depuis le jour de la dissolution.

Mais si au contraire c'est par la mort du mari que le mariage est dissous, la femme a le choix d'exiger les intérêts de sa dot pendant l'an de deuil, ou de se faire fournir pendant ce temps des alimens aux dépens de la succession du mari.

Mais cela n'a lieu que dans le cas où la dot étant constituée en argent, les héritiers du mari veulent profiter de l'année que la loi leur donne pour en faire le remboursement; car, s'ils payaient tout de suite, ou que la dot fût constituée en immeubles dont la restitution doit être faite sans délai, ainsi qu'on l'a dit plus haut, la femme n'aurait aucun intérêt à prétendre.

Mais, soit qu'on restitue la dot de suite, soit qu'on profite du délai donné par la loi, les héritiers du mari ne peuvent empêcher la veuve d'habiter dans sa maison pendant l'année de viduité, et ils ne peuvent se dispenser de lui fournir des habits de deuil aux frais de la succession, et sans aucune imputation sur les droits qu'elle a à y prétendre. *Voyez* art. 1471 ci-dessus. Cette dernière règle est commune à tous les régimes. L'autre l'est aux deux régimes dotaux, et même aux propres de la femme sous le régime de la communauté.

ARTICLE 1571.

A la dissolution du mariage, les fruits des immeubles dotaux se partagent entre le mari et la femme, ou leurs héritiers, à proportion du temps qu'il a duré, pendant la dernière année.

L'année commence à partir du jour où le mariage a été célébré.

Cet article règle la manière de partager les fruits des immeubles dotaux échus pendant la dernière année du mariage.

Si le mariage a duré six mois, ils se partagent par moitié; s'il n'a duré que trois mois, le mari ou ses héritiers ont le quart des fruits, et la femme ou ses héritiers les trois autres quarts, et ainsi du reste.

ARTICLE 1572.

La femme et ses héritiers n'ont point de privilége pour la répétition de la dot sur les créanciers antérieurs à elle en hypothèque.

Il était fort inutile de faire une loi pour cela. Ce n'était que dans le ressort du parlement de Toulouse que les femmes avaient autrefois une pareille prétention. Il n'en était plus question depuis la loi du 11 brumaire an 7. Le Code Civil a donné là-dessus les règles que l'on doit suivre aujourd'hui.

ARTICLE 1573.

Si le mari était déjà insolvable, et n'avait ni art, ni profession lorsque le père a constitué une dot à sa fille, celle-ci ne sera tenue de rapporter à la succession du père que l'action qu'elle a contre celle de son mari, pour s'en faire rembourser.

Mais si le mari n'est devenu insolvable que depuis le mariage,

16

Ou s'il avait un métier ou une profession qui lui tenait lieu de bien,

La perte et la dot tombent uniquement sur la femme.

C'était une grande question autrefois de savoir si le père qui avait compté sans précaution la dot de sa fille à un gendre dénué de fortune, ou qui par ses dissipations était devenu insolvable, en demeurait responsable envers elle, et était tenu de la redoter.

L'intention de cet article est de prévenir les difficultés qui pourraient s'élever à cet égard : il veut donc que, si le mari était déjà insolvable, et n'avait ni art ni métier à l'époque du mariage, le père soit responsable de la dot qu'il lui a inconsidérément comptée, et que la fille n'ait pas moins sa portion de sa succession, en y rapportant l'action qu'elle a contre celle de son mari, pour la restitution de sa dot.

Mais tout cela est bien vague. Entendra-t-on par mari insolvable à l'époque du mariage, celui qui n'avait pas de fortune à la vérité, mais qui n'avait pas aussi de dettes? car on n'est insolvable que lorsqu'on n'a pas de quoi payer ce que l'on doit.

Il y a tel art ou tel métier qui ne sont pas de sûrs garans de la solvabilité d'une personne.

Cependant, lorsque le mari n'est devenu insolvable que depuis le mariage, ou que le mari a un art ou un métier qui lui tient lieu de bien, le père ne répond plus de la dot : la perte en est pour le compte de la femme.

SECTION IV.

Des Biens paraphernaux.

ARTICLE 1574.

Tous les biens de la femme qui n'ont pas été constitués en dot sont paraphernaux.

On appelle biens *paraphernaux* ceux que la femme ne donne point en dot, soit qu'elle exprime ce qu'elle réserve, ou qu'elle spécifie ce qu'elle veut seulement donner à titre de dot ; ce qui lui reste est *paraphernal.* C'est un mot grec qui signifie lors de la dot. *Leg.* 9, § 3, *ff. de jur. dot.*

L'on voit par là que les biens paraphernaux ne sont autres que ceux qu'on a exclus de la dot par la clause de séparation, et dont nous avons parlé ci-dessus, article 1536 et suiv. Ce qu'on dit ici relativement aux biens paraphernaux n'est qu'une répétition de ce qu'on a déjà dit sur les biens exclus de la dot par la clause de séparation. Cela prouve bien l'identité des deux régimes dotaux, qui ne diffèrent que sur le point de l'inaliénabilité.

On aurait donc pu s'en tenir à ce qui a été dit à cet égard, en statuant sur la clause de séparation, et on pouvait se dispenser de conserver dans notre langue le mot barbare de *paraphernal,* qui ne peut jamais être pour elle une brillante acquisition.

ARTICLE 1575.

Si tous les biens de la femme sont paraphernaux, et s'il n'y a pas de convention dans le contrat pour lui faire supporter une portion des charges du mariage, la femme y contribue jusqu'à concurrence du tiers de ses revenus.

C'est la répétition de l'art. 1537 ci-dessus. Nous renvoyons à ce que nous y avons dit.

ARTICLE 1576.

La femme a l'administration et la jouissance de ses biens paraphernaux.

Mais elle ne peut les aliéner, ni paraître en jugement, à raison desdits biens, sans l'autorisation du mari, ou, à son refus, sans la permission de la justice.

C'est encore la répétition de l'art. 1538 ci-dessus.

ARTICLE 1577.

Si la femme donne sa procuration au mari pour administrer ses biens paraphernaux, avec charge de lui rendre compte des fruits, il sera tenu vis-à-vis d'elle, comme tout mandataire.

C'est ici une règle qui peut s'appliquer au cas de la séparation de biens, comme aux biens paraphernaux, qui sont deux hypothèses parfaitement semblables.

ARTICLE 1578.

Si le mari a joui des biens paraphernaux de sa femme, sans mandat, et néanmoins

sans opposition de sa part, il n'est tenu à
la dissolution du mariage, ou à la première
demande de sa femme, qu'à la représentation des fruits existans, et il n'est point
comptable de ceux qui ont été consommés
jusqu'alors.

C'est encore ici la répétition de l'article 1539 ci-
dessus.

La jouissance des biens libres ou paraphernaux n'est
interdite au mari que quand la femme ne consent pas
de la lui laisser. Mais, quand elle ne s'y oppose pas, cette
jouissance de la part du mari est légitime ; il est tenu
seulement d'en appliquer le produit à l'entretien du ménage. *Leg.* 8, 11, *Cod. de pact. convent.*

La femme d'ailleurs peut retirer cette jouissance au
mari quand elle le trouve bon.

ARTICLE 1579.

Si le mari a joui des biens paraphernaux,
malgré l'opposition constatée de la femme,
il est comptable envers elle de tous les fruits,
tant existans que consommés.

Il aurait fallu indiquer les moyens de constater l'opposition que la femme aurait mise à la jouissance de
son mari. Faudra-t-il pour cela une citation en justice
ou un acte extrajudiciaire, ou tout autre ? pourvu
qu'il soit authentique, sera-t-il suffisant ? Il semblera
que toutes les fois qu'il sera constant que le mari s'est
approprié la jouissance des biens libres de sa femme,
et qu'il l'a conservée malgré elle, il doit être tenu d'en
restituer tous les fruits, tant existans que consommés.

La preuve par témoins ne serait cependant admise que dans les cas de droit.

Il n'est pas nécessaire de remarquer que tout ceci a lieu pour les biens exclus de la dot par la clause de séparation.

ARTICLE 1580.

Le mari qui jouit des biens paraphernaux est tenu de toutes les obligations de l'usufruitier.

Il en est de même pour celui qui jouit des biens exclus par la clause de séparation.

Disposition particulière.

ARTICLE 1581.

En se soumettant au régime dotal, les époux peuvent néanmoins stipuler une société d'acquêts ; et les effets de cette société sont réglés, comme il est dit aux articles 1498 et 1499.

La constitution dotale, quelle qu'elle soit, n'empêche la société d'acquêts.

FORMULES

DES

PRINCIPALES CLAUSES ET STIPULATIONS

INDIQUÉES

Par la Loi relative au Contrat de Mariage et
aux Conventions Matrimoniales.

*PREMIERE CLAUSE ; Stipulation de
Communauté.*

LA communauté forme aujourd'hui le droit commun
de la France. Tous ceux qui se marient sans stipuler
les conditions sous lesquelles il veulent s'unir, sont
censés contracter sous le régime de la communauté.
Ainsi, soit qu'en se mariant, on ne fasse pas de contrat de mariage, soit qu'en en faisant un, on déclare
se marier purement et simplement sous le régime de
la communauté, les intérêts respectifs des époux sont
réglés par l'article 1400 et suivans du Code Civil.

On n'a pas besoin de faire à cet égard des stipulations
particulières. Ces stipulations ne sont nécessaires que
quand on veut déroger aux lois générales qui régissent la communauté.

Si cependant, en déclarant se marier sous le régime
de la communauté légale, on voulait entrer dans
quelque détail à cet égard, on pourrait s'exprimer de
la manière suivante :

« Seront lesdits futurs époux uns et communs en
biens meubles qu'ils possèdent, ou qui leur aviendront
pendant leur mariage par succession, donation, legs.

ou autrement, ainsi que dans les biens immeubles
qu'ils acquerront pendant la durée de la communauté,
et dans tous les fruits, revenus, intérêts et arrérages,
de quelque nature qu'ils soient, échus ou perçus pendant le mariage, et provenant des biens quelconques qui
leur appartenaient lors de la célébration, ou qui pourront
leur écheoir depuis à quelque titre que ce soit, etc.

Deuxième Clause; *Exclusion de la Communauté.*

Cette formule est très-nécessaire pour les pays ci-
devant de droit écrit, où le régime de la communauté
était inconnu, et où peu de gens seront tentés d'en faire
l'expérience. Ainsi, quand on voudra exclure la communauté, on pourra le faire de deux manières, 1° en
déclarant exclure la communauté, 2° en se mariant
d'une manière positive sous le régime dotal.

La clause portant que les époux se marient sans
communauté n'entraine point la séparation de biens,
et ne donne point à la femme le droit d'administrer ses
biens, ni d'en percevoir les fruits; *Code Civil,* art. 1530.
Il faut pour cela une clause de séparation de biens;
ibid, art. 1536.

Par l'effet de l'exclusion de la communauté, on se
trouve sous le régime dotal intermédiaire, dont nous
avons souvent parlé dans le commentaire.

La clause d'exclusion de communauté peut s'exprimer de la manière suivante :

« Il n'y aura entre les deux époux aucune communauté de biens, soit de ceux qui leur appartiennent présentement, soit de ceux qui leur écherront à
l'avenir, de quelque manière que ce soit, nonobstant
toutes lois à ce contraires, auxquelles ils dérogent et
renoncent, etc. »

TROISIÈME CLAUSE ; *Exclusion de Communauté, avec Séparation de Biens.*

La clause de séparation de biens ne donne à la femme que le droit de jouir de ses biens, de les administrer et d'en percevoir les revenus ; mais elle ne lui donne pas celui de les aliéner ou hypothéquer sans le consentement de son mari, ou de justice, comme nous l'avons dit sur l'article 1536, ou de faire aucuns des actes pour lesquels la loi exige une autorisation spéciale.

Cette clause de séparation peut se concevoir de la manière suivante :

« 1° Qu'il n'y aura entre ledit P   et ladite M.   aucune communauté de biens, soit de ceux qui leur appartiennent présentement, soit de ceux qui leur écherront à l'avenir, en quelque manière que ce soit, nonobstant toutes lois à ce contraires, auxquelles ils ont, par ces présentes, dérogé et renoncé : a été, en outre, convenu que les époux seront et demeureront séparés de biens, au moyen de laquelle séparation de biens, chacun desdits futurs époux jouira à part et divis de tous les biens meubles et immeubles, ensemble du revenu de ses immeubles, ainsi qu'ils auraient pu faire avant le présent contrat ; et, ladite future épouse aura la libre et entière disposition de tous lesdits biens meubles et immeubles, présens et avenir pour les régir, gouverner et administrer comme bon lui semblera, en percevoir les revenus, faire les baux, donner quittance, recevoir tous rachats et remboursement de rentes ou capitaux, et des sommes qui se trouveront lui être dus, faire toutes acquisitions qu'il lui plaira, sans néanmoins qu'en vertu de ladite clause, elle puisse, en aucun cas, aliéner ou hypothéquer lesdits biens sans le consentement de son futur époux ou de la justice, ni faire et passer sans la même autorisation tous autres actes et contrat devant notaires, intenter action en justice, poursuivre et défendre devant les tribunaux à toutes celles qui seraient formées contre elle; comparaître en justice de paix et bureau de conciliation, y transiger, ester en jugement pour la conservation de ses droits et intérêts, nommer et convenir d'experts et arbitres, faire des actes conservatoires, poursuites et contraintes, accepter purement et simplement une succession, don ou legs, ou par bénéfice d'inventaire, ou y renoncer, traiter, transiger ou composer, et généralement faire aucuns des actes pour lesquels le Code Civil exige une autorisation spéciale.

Nota. Le Code Civil porte, art. 1557, qu'en cas de séparation de biens, chacun des époux contribue aux charges du mariage, suivant les conventions contenues en leur contrat.

Ces conventions, comme nous l'avons dit dans le commentaire, ne peuvent guère concerner que la femme.

On les exprime de la manière suivante:

« Et pour la part et portion, dont ladite future épouse doit contribuer aux charges du ménage, il a été convenu entre elle et sondit futur époux, qu'elle lui paiera, ainsi qu'elle s'y oblige sur les quittances qu'il lui en donnera, et tant que durera leur dit mariage, la somme de   de pension annuelle, en quatre paiemens, de trois mois en trois mois, à compter du jour de leur union en mariage, prononcé par l'officier public, laquelle pension aura cours sans aucune diminution, même pour le temps des absences que ladite future épouse pourrait faire pour quelque cause que ce soit. »

QUATRIÈME CLAUSE ; *Communautés limitées.*

Le Code Civil permet non seulement d'exclure la communauté, mais même, en la maintenant, d'apporter aux règles générales qui la régissent, les modifications que les parties contractantes jugeront à propos d'y apporter.

Le Code lui-même spécifie quelques-unes de ces modifications, art. 1497 et suivans ; sans par là borner celles que les contractans pourraient y ajouter, et qui doivent recevoir leur exécution, quand elles ne portent pas sur des objets prohibés, art. 1527.

La première modification, dont parle le Code, est celle qui réduit la communauté aux acquêts, article 1497, n° 1.

On peut concevoir cette convention de la manière suivante :

« Des biens desdits époux, il n'entrera en communauté que les biens meubles et immeubles qu'ils pourront acquérir ensemble ou séparément par leur industrie commune pendant la durée du mariage, ou provenant des économies faites sur les fruits et revenus réciproques, et le surplus de tous leurs biens qu'ils possèdent actuellement, ou qui pourront leur échoir pendant le mariage, par donation, succession, legs ou autrement que par l'effet de leur travail et de leur industrie, appartiendront à celui desdits époux du côté duquel lesdits biens seront échus et avenus, sans que l'autre y puisse prétendre aucune part ; au moyen de quoi chacun des époux demeure chargé de ses dettes antérieures au mariage, etc. »

Nota. La réduction de la communauté aux acquêts, ne priverait point le mari de la jouissance et administration des biens de sa femme, s'il n'y avait encore clause de séparation de bien, art. 1530.

CINQUIEME CLAUSE ; *Exclusion du Mobilier.*

La seconde modification que la loi permet d'apporter aux règles générales de la communauté est celle par laquelle on en exclut le mobilier, en tout ou en partie.

Le mobilier appartenant aux époux à l'époque du mariage, ou qui leur échoit dans la suite, entre de droit dans la communauté ; (art. 1401) pour l'en exclure, il faut une clause particulière.

L'époux dont toute la fortune serait en mobilier peut avoir grand intérêt d'en exclure au moins une partie.

Cette exclusion peut être faite comme s'ensuit :

« Des biens meubles appartenant aux époux à l'époque du mariage, ou qui pourront leur échoir dans la suite, il n'en entrera que jusqu'à concurrence des effets mentionnés en l'inventaire ci-joint, ou jusqu'à concurrence de la somme de 12,000 francs.

Et le surplus de tous leurs biens meubles, ainsi que tout ce qui leur écherra, et aviendra pendant ledit mariage, tant en meubles qu'immeubles par succession, donation, legs ou autrement, demeurera propre et appartiendra à celui des deux époux, du côté duquel lesdits biens seront échus et avenus, sans que l'autre y puisse prétendre aucune part. »

Nota. Si l'on excluait la totalité des meubles, ce serait alors une communauté réduite aux acquêts.

SIXIÈME CLAUSE ; *Ameublissement.*

L'ameublissement a lieu lorsque les époux, n'ayant pas de meubles suffisans pour compléter la portion qu'ils consentent de mettre en communauté, jugent à propos de les remplacer par des immeubles. *Voyez* article 1505 et le commentaire.

Elles peuvent concevoir ainsi leurs conventions :

« A l'effet de quoi lesdits ont ameublis de part et d'autre leurs immeubles jusqu'à la concurrence de ladite somme de   , ou bien, on dit que d s biens meubles et effets des futurs époux, il en entra en communauté la somme de   à prendre sur le mobilier, si tant se monte, si non ce qui s'en manquera pour parfaire ladite somme de   se prendra sur les immeubles de ladite future épouse, laquelle en consent l'ameublissement par ces présentes jusqu'à concurrence de ladite somme de   , au moyen de quoi les effets ainsi ameublis entreront en communauté, et seront réputés conquêts, tout comme s ils avaient été acquis pendant le mariage, et seront soumis aux mêmes règles.

SEPTIEME CLAUSE ; *Séparation de Dettes.*

Tous les meubles des époux faisant partie de la communauté, leurs dettes mobilières existant à l'époque du mariage doivent y entrer aussi (art. 1409) ; mais il peut de là résulter de graves inconvéniens pour l'un ou l'autre des conjoints, comme nous l'avons observé dans le commentaire, et cela est cause que, la plupart du temps, on met une clause de séparation de dettes ; c'est la quatrième modification que le Code indique, qu'on peut apporter au régime général de la communauté ; en voici la formule :

« Ne seront tenus lesdits futurs époux des dettes l'un de l'autre antérieures à la célébration de leur mariage : s'il y en a, elles seront acquittées et payées, tant en principal qu'intérêts, par celui qui les aura contractées, et sur ses biens personnels, sans que ceux de l'autre conjoint, ni ceux de la communauté en soient aucunement tenus. »

HUITIÈME CLAUSE ; faculté à la Future de renoncer à la Communauté et de reprendre.

Le droit de renoncer à la communauté, pour ne pas être soumis au paiement de ses dettes, est un des privilèges les plus importans, qui soit accordé aux femmes. Mais ce privilége leur appartient de droit, et il est d'autant plus inutile d'en faire l'objet d'une stipulation, que la femme même ne pourrait y renoncer. *Voyez* art. 1492 et le commentaire. Mais ce qu'il est important pour elle de stipuler, c'est, en cas de renonciation, de *pouvoir reprendre son apport franc et quitte.* Cette faculté n'est point de droit, comme celle de renoncer : elle n'existe qu'autant qu'elle a été stipulée ; et elle n'a lieu que pour les personnes qui y sont désignées. S'il n'y est question que de la femme, elle seule peut reprendre ; et, si son intention est d'étendre cette faculté à ses héritiers, soit directs, soit collatéraux, elle doit en faire mention. (Art. 1514.)

Cette clause est conçue de la manière suivante :

« Arrivant la dissolution de ladite communauté, la future épouse et les enfans qui naîtront dudit mariage auront la faculté d'y renoncer, et, y renonçant, de reprendre franchement et quittement tout ce qu'elle aura apporté en mariage, et ce qui lui sera venu et échu par succession directe ou collatérale, donation, legs et autre titre que ce puisse être, tant meubles qu'immeubles, outre son préciput, habit de deuil et autres avantages stipulés en sa faveur, ou établis par la loi ; pour le tout, audit cas de renonciation, appartenir à la future sans elle, ni les siens être tenus d'aucunes dettes ou hypothèques de ladite communauté, encore que ladite future y eût parlé, qu'elle s'y fût obligée, ou qu'elle y fût condamnée, dont ledit futur et ses héritiers seront tenus de l'acquitter et indemniser. »

Si on veut étendre cette faculté aux héritiers ou ayans cause, autres que les enfans, on ajoute « même « aux héritiers collatéraux et ayans cause de la future. »

NEUVIEME CLAUSE; Préciput conventionnel.

Il y avait autrefois dans plusieurs coutumes un préciput légal, en vertu duquel l'époux survivant était autorisé à prélever avant le part: :e certains effets sur la communauté. Le préciput n   aujourd'hui qu'en vertu d'une convention, et, en .·gle générale, il n'est dû qu'au cas où l'on accepte la communauté, à moins qu'il n'y ait stipulation contraire. (Art. 1551.)

Le préciput s'établit de la manière suivante :

« Et arrivant la dissolution du mariage, le survivant des conjoints sera autorisé à prélever sur la communauté tels et tels effets, ou des effets de la communauté jusqu'à concurrence de la somme de
au choix et option du survivant ; outre lequel préciput qui sera dû à la future épouse, soit qu'elle accepte, soit qu'elle renonce à la communauté, elle aura ses habits de deuil proportionnés à ses facultés et l'habitation pendant l'année dans la maison de son mari.

De la Clause que les Epoux n'auront que des Parts inégales dans la Communauté, ou que leur Part et Portion sera réduite à une somme déterminée.

De droit commun, le partage de la communauté se fait par parties égales entre les époux, ou entre le survivant et les héritiers du prédécédé ; mais il est permis de déroger par des clauses particulières à ces règles générales. (art. 1520.)

On peut faire à ce sujet des conventions à l'infini ; en voici quelques-unes des principales.

« Le survivant des futurs époux n'aura et ne prendra pour sa part dans les biens de la communauté, qu'un tiers ou un quart, et le surplus appartiendra aux héritiers du prédécédé. »

Ou bien :

« Arrivant la dissolution de la communauté, l'époux survivant se contente dès à présent, comme pour lors, pour tout droit de communauté, et pour la part qu'il pourrait prétendre dans les meubles et conquêts d'icelle de la somme de   franche et quitte de toutes dettes. »

Nota. La franchise des dettes ne peut se stipuler qu'en faveur de la femme, qui, en renonçant à la communauté, se décharge de toutes les dettes d'icelle. Mais cette stipulation serait inutile à l'égard du mari, toujours responsable des dettes de la communauté, qu'il a faites lui-même.

D'autrefois on stipule :

« Que la communauté n'aura lieu qu'au profit de la femme et de ses enfans, et non de ses héritiers coltéraux qui en seront exclus; en sorte qu'en cas de prédécès de la femme sans enfans, la totalité des meubles et conquêts appartiendra au mari survivant. »

On peut faire une stipulation semblable en faveur de la femme, au cas où le mari meurt sans enfans.

On peut encore stipuler, « que la femme n'aura et ne prendra à la communauté, qu'au cas où il y aura des enfans. »

ONZIEME CLAUSE *de franc et quitte de toutes dettes antérieures au mariage.*

Il est parlé dans le Code Civil, art. 1513, de la *clause de franc et quitte de toutes dettes antérieures au mariage ,* qu'on exige quelquefois de la part des pères et mères , mariant leurs enfans, qui pourraient se trouver chargés de dettes au moment de leur mariage. Nous avons expliqué dans le Commentaire quels étaient les effets de cette clause, qu'on peut concevoir de la manière suivante :

« Que toutes les dettes dont le futur, ou les futurs époux se trouveront chargés personnellement au jour du mariage , seront acquittées par ses père et mère, qui promettent de les payer en leur propre et privé nom , et de l'en indemniser. »

Douzieme Clause ; contrat de mariage sous le régime dotal.

L'on se souviendra de ce que nous avons répété si souvent dans notre Commentaire , qu'il y a deux régimes dotaux, l'un où les biens de la femme ne sont point inaliénables, et l'autre où ils le sont.

Mais pour le reste, ces deux régimes sont parfaitement semblables.

Pour rendre les biens inaliénables, il faut que les époux déclarent qu'ils se soumettent au régime dotal. Si le contrat ne contient pas cette clause, bien qu'il y ait seulement celle d'exclusion de communauté, il n'y a pas de régime dotal proprement dit, mais seulement le régime dotal simple, qui ne rend point les biens inaliénables.(Art. 1530.)

Dans tous les deux, il y a une constitution de dot, qui peut être générale ou particulière. La première comprend tous les biens présens et avenir de la femme; la seconde les biens présens ou seulement une partie, ou un objet individuel.(Art. 1542.)

Tout ce qui n'est pas dans la constitution est *paraphernal,* ou hors de la dot. La jouissance et l'administration n'en appartiennent point au mari, et restent à la femme. C'est tout comme s'il y avait clause de séparation de bien pour ces objets.(Art. 1574.) Il y a cependant cette différence, c'est que dans le régime dotal simple, tout ce qui n'est pas exclus de la constitution est dotal, tandis que dans l'autre, il n'y a de dotal que ce qui n'y est pas compris. Voici les formules par lesquelles ont peut énoncer ces diverses conventions.

Contrat de mariage sous le régime dotal simple, qui ne rend pas les biens inaliénables. « Par-devant nous, « notaires   furent présens   : lesquels sont convenus d'exclure la communauté, (si ce sont les père et mère qui constituent la dote,) ont dit :

« Lesdits   père et mère de ladite future épouse lui ont donné conjointement et constitué en dot, et pour elle à son futur époux, la somme de   payable de six en six mois avec intérêts ou sans intérêts :

« Ladite future épouse, avec l'approbation et consentement de sesdits père et mère, s'est de plus constitué en dot tous ses biens présens et à venir en quoi qu'ils consistent et puisse consister, et a constitué ledit   , son futur époux, procureur général et irrévocable, pour en jouir et les administrer pendant toute la durée de leur mariage.

Si la future épouse ne veut se constituer qu'une partie de ses biens, on doit la spécifier, et ajouter ensuite :

« Et pour le surplus de ses biens, ils demeureront libres à la future épouse, qui en conservera la jouissance et l'administration pendant la durée du mariage. »

Lorsque les pères et mères sont décédés, ou qu'ils ne constituent point de dot de leur chef, c'est la future épouse qui constitue toute seule la dot dans le premier cas, et sous leur consentement, dans le second, si elle n'est point majeure. Car, lorsqu'elle est majeure, l'intervention dans le contrat civil de mariage des pères et mères, qui ne donnent rien à leurs enfans, n'est pas de rigueur, elle n'est que de convenance.

La constitution, dans le régime dotal proprement dit, se fait de la même manière. Il n'y a de différence que dans la clause de soumission au régime dotal qu'on est obligé d'y insérer. »

On peut s'exprimer de la manière suivante :

« Par-devant nous notaire   furent présens lesdits

« Lesquels desirant s'unir en vrai et légitime mariage, ont déclaré vouloir vivre sous *le régime dotal*, au moyen de quoi, lesdits   , père et mère de ladite future épouse, ont,   ou, à leur défaut,   la future épouse s'est constitué en dot, et pour elle audit   , son futur époux   tous ses biens présens et à venir, ou tels et tels biens pour lesquels elle l'a constitué son procureur général et irrévocable pour les régir et administrer sa vie durant, etc.

Treizième Clause ; Remploi des Propres aliénés ou Emploi des Deniers dotaux.

La clause de remploi des propres aliénés de l'un des époux était fort usitée autrefois dans les mariages des pays coutumiers, qui se faisaient sous le régime de la communauté.

Au moyen de ce remploi, l'époux dont les propres avaient été aliénés acquérait la propriété du fonds acquis du prix de l'aliénation. Cette clause est assez inutile aujourd'hui, puisque la loi a pourvu sur ce point aux intérêts respectifs des époux. *Code Civil, art.* 1433 *et suiv.*

La femme a le droit de prendre le fonds acquis du prix de son propre aliéné, ou de prélever seulement ce prix sur les fonds de la communauté. Pour qu'elle soit recevable à reprendre le fonds acquis, il faut qu'elle ait formellement accepté le remploi qui a été fait des deniers provenant du propre vendu. *Voyez* ci-dessus, art. 1435 et le commentaire.

Elle a même action pour cela sur les biens personnels de son mari, en cas d'insuffisance de la communauté.

Si on jugeait à propos d'insérer, à cet égard, une clause dans le contrat de mariage, on pourrait l'exprimer de la manière suivante :

« Et s'il est aliéné pendant le futur mariage, aucuns biens propres à l'un ou à l'autre des époux ou remboursé quelques rentes, le remploi en sera fait en autres héritages ou rentes pour tenir même nature de propres au profit de celui du chef duquel les biens sont procédés ; et le dit remploi ne se trouvant fait au jour de la dissolution de la communauté, la reprise en sera faite réciproquement sur les biens de la communauté ; et s'il ne suffisent à l'égard de la future seulement, ce qui s'en manquera se prendra sur les biens propres et personnels dudit futur époux indistinctement, etc.

La clause de remploi peut avoir lieu également sous le régime dotal simple qui ne prohibe point l'aliénation, des biens dotaux. On peut donc stipuler, comme dans la clause précédente, que, venant à aliéner un immeuble dotal de la femme, le remploi en sera fait en d'autres héritages ; et qu'à défaut la femme aura action sur les biens personnels du mari, pour être remboursée du prix de l'aliénation en cas que le mari en ait profité.

Dans le régime dotal proprement dit, la clause de remploi ne saurait avoir lieu ; car la dot étant inaliénable, excepté dans quelques cas où il n'y a pas de remploi à faire, toute clause à cet égard serait superflue.

Mais, s'il ne peut avoir de remploi, il peut y être

question de l'emploi des deniers dont la dot est composée. L'immeuble acquis des deniers dotaux ne devient dotal, et par conséquent inaliénable, qu'autant qu'on l'a stipulé dans le contrat de mariage. Il en est de même de l'immeuble donné en paiement de la dot constituée en argent. (Art. 1553.)

Quand on compte donc la dot en argent, et qu'on veut qu'elle soit employée en achat d'héritages qui deviennent dotaux, il faut le spécifier dans le contrat de mariage, de même que si l'on veut que les immeubles donnés en paiement d'une dot promise en argent deviennent dotaux.

A défaut, la femme n'a que la somme comptée ou promise à répéter. (Art. 1435.)

On peut s'exprimer ainsi pour le premier cas :

« A laquelle future épouse a été constitué la somme de   pour lui tenir lieu de dot, avec la condition que cette somme sera employée de son aveu et consentement, ou de celui de ses père et mère, en acquisition d'héritages, qui, au moyen de cet emploi, deviendront dotaux, tout comme s'ils avaient été constitués par ladite future épouse, etc.

Dans le second cas on ajoute :

« Et le cas arrivant qu'en paiement de la dot promise en argent, les père et mère donneraient des biens immeubles, lesdits biens deviendront dotaux, tout comme s'ils avaient été constitués par le présent acte, etc. »

TABLE

DES MATIÈRES

Par ordre alphabétique.

FIN DE LA TABLE.

SCENE V.

MATHURINE, ARLEQUIN.

ARLEQUIN, *pleurant*.

Ah! mon dieu! mon dieu! que je suis à plaindre!

MATHURINE.

Qu'as-tu donc, mon ami? tu pleures.

ARLEQUIN.

Sans doute, je pleure; et je n'en ai que trop sujet.

MATHURINE.

Que t'est-il arrivé?

ARLEQUIN.

Vous savez bien, ce sansonnet que j'élevois depuis plus d'un an, et qui disoit si bien: J'aime Lucette, J'aime Lucette.....

9 782016 149164